Facilitação

UM JEITO DE SER

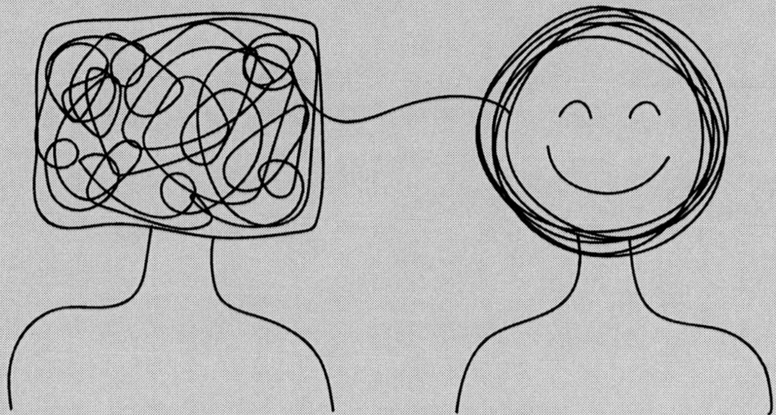

EDUCAÇÃO CORPORATIVA
PELA ABORDAGEM
CENTRADA NA PESSOA

Alexandre Moreno

Facilitação

UM JEITO DE SER

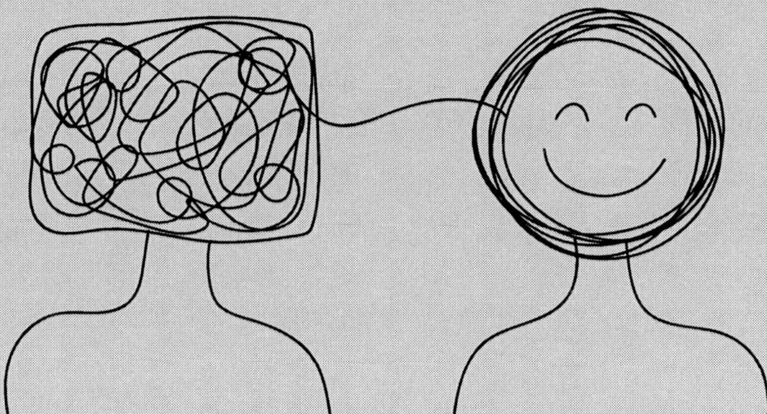

EDUCAÇÃO CORPORATIVA
PELA ABORDAGEM
CENTRADA NA PESSOA

QUALITYMARK

2ª edição
REVISTA E AMPLIADA

Direção Editorial	Produção Editorial
SAIDUL RAHMAN MAHOMED editor@qualitymark.com.br	**EQUIPE QUALITYMARK**
Capa	Editoração Eletrônica
HUMBERTO D'AMBROSIO	**HUMBERTO D'AMBROSIO**

CIP-Brasil. Catalogação-na-fonte
Sindicato Nacional dos Editores de Livros, RJ

M842f

Moreno, Alexandre
Facilitação, um jeito de ser : educação corporativa pela abordagem centrada na pessoa / Alexandre Moreno. – 2. ed. – Rio de Janeiro : Qualitymark Editora, 2022.
284 p. : il. ; 21 cm.

Inclui bibliografia
ISBN 978-85-414-0414-3

1. Pessoal – Treinamento. 2. Aprendizagem organizacional. 3. Mudança organizacional. I. Título.

18-48753 CDD: 658.3124
CDU: 658:310.845

2022
IMPRESSO NO BRASIL

Qualitymark Editora Ltda.	**www.qualitymark.com.br**
Rua Carlos Machado, 155 – sl. 207	**E-mail: quality@qualitymark.com.br**
Polo Cine e Vídeo – Jacarepaguá	**Tels.: (21) 3597-9055 / 3597-9056**
CEP: 22775-042 – Rio de Janeiro – RJ	**Vendas: (21) 3296-7649**

Dedico este livro
à minha esposa, Taís,
e aos meus filhos,
Felipe e Manuela.

Sumário

Prefácio

por Wellington Nogueira,
fundador do Doutores da Alegria
e da Play2Flow

fa·ci·li·ta·ção
1. Ato ou efeito de facilitar, de tornar mais fácil.
2. Ato ou efeito de auxiliar, coadjuvar; ajuda, auxílio.
Dicionário Michaelis

Você que está agora lendo este prefácio, não se deixe enganar pelo nome do livro, porque ele brinca com sua percepção: *Facilitação, Um Jeito de Ser.*

Não seria um jeito de fazer? Ou um jeito de aplicar, como na bula de um remédio? Não, porque estamos falando da tecnologia que vai se desenvolver cada vez mais nos próximos anos: TH, ou, Tecnologia Humana, expressa por meio de nossa capacidade de acolher, olhar, escutar, ouvir, incluir, integrar, perguntar, interagir, dialogar, ou seja, estar PRESENTE.

Tudo isso faz do Facilitar uma Arte essencial, porque coloca as pessoas no papel de cocriadoras de saberes, conhecimentos e soluções, resignificando opapel do Facilitador de maneira fluida e divertida, como num jogo instigante no qual todos saem ganhando. Ganhando o que, mesmo? Habilidades que nos acompanharão por toda a vida, como, por exemplo, a confiança para investigar possibilidades onde elas parecem não existir; a curiosidade para fazer perguntas e compartilhar ideias que levam a inovações; a serenidade para se expresar sem medo de julgamentos e aprender com os erros; mas, principalmente, desenvolver o dom de dar vida a espaços férteis de criação e criatividade ao qual os participantes têm orgulho de pertencer.

Facilitar é uma Arte que se revela na simplicidade e na Presença que vai muito além do local de trabalho, porque, quando menos esperamos, ela viaja para as relações junto à família e sociedade.

Por isso, respire fundo e relaxe! Este livro não é sobre decorar regrinhas, é sobre acessar sua inteligência para tocar vidas – a sua, inclusive – de maneira produtiva, surpreendente, profunda e é melhor parar por aqui – até porque a Arte de Facilitar também ocorre no que deixamos de falar. Para o grupo desvendar!

Aqui começa sua jornada!
Saboreie
Reflita
Inspire-se
Transforme-se
E, mais importante: Divirta-se fazendo tudo isso!

Facilitação em poema

por Fátima Affonso (@_by.fa)

Espalhação

nos processos de aprendizagem,
perguntei ao mestre:
há frustração e dor
quando se encaram
as divergências no educar?
ao que ele me revidou plenamente:
me dou o direito à dor
à frustração
mas, direito maior
à acreditação
crer que grãos
em árvores se transformarão
não há colheita
sem o espalhar das sementes!
facilitar É espalhar sementes!
tornar leve o nem tanto
regar reflexões

deixar evoluírem as conclusões
para que os frutos venham diferentes
melhores no paladar, no tato, no olhar
capazes de escutar!
acolher
replantar!
hoje, as ferramentas
passam às nossas mãos
está conosco o bastão
encerrar se faz começado!
é nosso tempo de semear o chão

Introdução

“Jurei mentiras
E sigo sozinho
Assumo os pecados
Uh! Uh! Uh! Uh!
Os ventos do norte
Não movem moinhos
E o que me resta
É só um gemido
Minha vida, meus mortos
Meus caminhos tortos
Meu Sangue Latino
Uh! Uh! Uh! Uh!
Minh’alma cativa
Rompi tratados
Traí os ritos
Quebrei a lança
Lancei no espaço
Um grito, um desabafo
E o que me importa
É não estar vencido
Minha vida, meus mortos
Meus caminhos tortos
Meu Sangue Latino
Minh’alma cativa”

Sangue Latino

Esta canção, escrita por João Ricardo e Paulinho Mendonça, foi lançada no primeiro álbum de 1973 do Secos & Molhados. Mesmo ano do meu nascimento.

A letra dessa música é uma inspiração para o tipo de narrativa que adotei para construir este livro. Repleto de amor, desabafos e disposição para repensar a educação no mundo corporativo, nas escolas e universidades.

Este livro surgiu da minha vivência em programas de educação corporativa nos últimos 20 anos, bem como lecionando em algumas universidades em cursos de MBA e pós-graduação. Ao longo dessa trajetória, mudei radicalmente a forma de aprender, ensinar e compreender a educação.

Contarei aqui um pouco sobre esse processo e sobre a perspectiva de educadores, facilitadores, psicólogos e profissionais de Recursos Humanos que, de certa forma, iniciaram um caminho sem volta, trocando o controle pela liberdade.

Ouso dizer que este é o primeiro livro no Brasil sobre Educação Corporativa pela Abordagem Centrada na Pessoa. Falarei nas próximas páginas sobre esse jeito. Um jeito de ser.

> **"Os dois dias mais importantes da sua vida são: o dia em que você nasceu e o dia em que você descobre o porquê"**
>
> *Mark Twain*

Este livro é, neste instante da minha vida, reflexo do meu propósito. Ele representa uma porta para compreender os meus porquês. Não tenho dúvidas de que ele se atualizará ao longo do tempo. É uma obra em movimento, viva. Sem pretensões de ser o fim, apenas o começo.

Boa leitura.

Alexandre Moreno

Segunda Edição Revisada

"Educação é vida,
não preparação para a vida."

John Dewey

Olá leitores e leitoras,

Atingir a segunda edição significa um passo importante nessa jornada da facilitação.

Após o lançamento do primeiro livro, ouvi muitas histórias de pessoas que acreditam e outras tantas que não acreditam nesse tipo de caminho para a aprendizagem. O que reforça a minha visão de que não precisa ser um caminho que sugere a ruptura, pode ser uma mistura, pode ser aquilo de que dou conta, pode ser muita coisa, desde que você seja você! O que vale nessa jornada é o **E**, não o **Ou**.

Aprendi nesse tempo muitas metodologias que apoiam a facilitação e contribuem para a criação de um ambiente de aprendizagem libertador e estruturado. Onde a confiança é sem dúvida a grande protagonista desse jeito de ser.

Nesta edição, compartilho com você novas experiências de aprendizagem como uma visita à Escola da Serra e uma deliciosa entrevista com o professor Braz Nogueira, ex-diretor da Escola Municipal Campos Sales, em São Paulo. Também divido um pouco da jornada como sócio conselheiro do Colégio Criando Asas, em Birigui, São Paulo. Lugar que ocupei por um pouco mais de um ano.

Há também um capítulo dedicado às Estruturas Libertadoras e outro à Comunicação Não Violenta.

Por fim, fiz uma mudança significativa. Eliminei a palavra treinamento, porque, na minha visão, ela não faz sentido nessa nova etapa. Ela foi substituída por palavras mais abrangentes, como aprendizagem (jamais em inglês - life long learning ou life long learners — porque acho excludente e desnecessário), ambiente de aprendizagem, cultura aprendente ou aprendente. Acredito que, desse modo, ela expande e abraça infinitas possibilidades e pessoas. Derruba os muros das escolas e empresas. Vai além! Como deve ser!

Seja novamente bem-vindo(a) a esse Jeito de Ser.

Para esta segunda edição, que continua muito musical, começarei com o mestre RAUL SEIXAS, nosso MALUCO BELEZA. Esse clássico do rock nacional é libertador...
E, porque não, pode representar a essência do Facilitador.

Maluco Beleza

Enquanto você se esforça pra ser
Um sujeito normal
E fazer tudo igual
Eu do meu lado aprendendo a ser louco
Um maluco total
Na loucura geral
Controlando a minha maluquez
Misturada com minha lucidez
Vou ficar, ficar com certeza maluco beleza
Eu vou ficar, ficar com certeza maluco beleza
E esse caminho que eu mesmo escolhi
É tão fácil seguir por não ter onde ir
Controlando a minha maluquez
Misturada com minha lucidez

Capítulo 1

....

Inspirações Conspiradoras

Uma reflexão sobre celas, aquários e cadeiras

A Cela

Em maio de 2017, estive com meu grande e inspirador amigo Renato Inácio, na África do Sul, mais precisamente em Cape Town (Cidade do Cabo), um lugar exuberante, pujante e único no planeta. Dentre tantas coisas que tornam a cidade única, está o fato de ela ter sido cenário do *Apartheid*. Tive a oportunidade de visitar *Robben Island*, onde o líder Nelson Mandela ficou preso por 18 anos. Com um metro e noventa de altura, um dos maiores responsáveis pelo fim da segregação racial na África do Sul, Mandela ficou durante esse tempo sozinho numa cela de um pouco mais de 1,60 m^2.

Estar na ilha que aprisionou *uTata* ("O" pai), como os sul-africanos se referem a Mandela, foi singular na minha vida. Enquanto olhava aquele presídio e o seu entorno, refletia e me questionava sobre o controle e a liberdade. Da prisão, Mandela manteve seu pensamento liberto para criar e mudar o mundo em que vivia. Nunca ninguém controlou sua mente, sua vontade, seus desejos.

Na verdadeira concepção de Carl Ransom Rogers, que criou a Abordagem Centrada na Pessoa - ACP (tema do qual vamos tratar adiante), mesmo aprisionado, Mandela se atualizou o tempo todo. Foi preso como terrorista comunista e, depois de solto, acabou sendo aclamado, internacionalmente, por seu ativismo e recebeu mais de 250 prêmios e condecorações, incluindo o Nobel da Paz, em 1993.

Aquários

Minha experiência transformadora em Robben Island se somou à minha trajetória no universo da educação corporativa, fazendo com que eu refletisse sobre como os profissionais ainda são, muitas vezes, aprisionados nas empresas. Vou usar a parábola do aquário para contar a história de uma pessoa próxima a mim. Essa profissional trabalhou durante 21 anos na mesma empresa, que lhe ofereceu *status*, bons salários, bônus consideráveis, carro, acesso à tecnologia de ponta na sua área de atuação e muitos outros benefícios que as grandes corporações dão aos colaboradores que dedicam horas da sua vida naquele imenso aquário. Até que um dia, um peixe grande resolveu jogar o peixinho velho de aquário no oceano. O peixinho, assustado, nada entendeu. Afinal, vivera naquele lugar por muito tempo, mais de duas décadas, dando ao aquário o que acreditava ser a sua melhor parte. O peixinho estava agora no mar.
Solto, perdido, solitário, abandonado, lutando e de luto.

Tive alguns aquários (de verdade) na vida e, cuidando dos peixes que embelezavam minha sala ou meu quarto, aprendi a lição número um: quando um peixinho novo chega, é preciso ajudá-lo a se adaptar ao novo ambiente para aumentar sua chance de sobrevivência. É como soltar o bicho de cativeiro na floresta. Antes disso, há uma longa fase de adaptação, até que o animal tenha aprendido a caçar, beber e proteger-se, naturalmente, sem ajuda externa. As corporações do tipo aquário ou cativeiro não entenderam isso e jogam seus peixes no mar sem nenhum ritual. Apenas dizem obrigado, pagam suas obrigações e, então, adeus e boa sorte. Controle e liberdade aprendidos da maneira mais dolorosa.

Cadeiras

Lembro da minha cela de aula... ops... sala de aula. Cadeiras desconfortáveis, grades curriculares, grades nos portões, sábios professores com respostas para absolutamente tudo. Vivi nesse aquário por alguns bons anos da minha vida, como muitos de vocês. Desde a escola primária até o mestrado. A cela, o aquário, o peixe grande, os peixinhos, todos estavam ali, presentes, vivos. Sempre existiram os donos do poder e da verdade e, do outro lado, eu, nós, peixinhos, aprisionados à cadeira.
Cheios de vontades, ideias e ideais. Calados. Passivos ao sistema.

Nunca, em nenhum estágio da minha vida, um professor me perguntou o que e como eu gostaria de aprender. Nunca um professor me propôs ajudar a pensar em maneiras diferentes de aprender. Tampouco, creio, parou para pensar sobre o que significa aprender. Não me recordo de tudo o que ouvi, mas posso me lembrar dos lábios dos professores mexendo, mexendo, mexendo. Conteúdo, disciplina, provas, notas e mais conteúdo. Pouco me lembro do afeto, mas me recordo das dores. Pouco me lembro do sentido daquilo que aprendi, mas me diziam “isto é importante”. Aprisionado na minha cadeira, eu voava, sonhava, imaginava quantas possibilidades diferentes tudo aquilo poderia ter. Mas logo voltava à realidade. Afinal, eu tinha de decorar matérias inúteis para provar que sabia o que, na verdade, nunca soube, nunca entendi, nunca me fez sentido.

Hoje, tenho certeza de que o refúgio da insegurança daqueles professores era o controle. Eles se abrigavam no “poder do conteúdo”. Naquelas aulas, prevalecia o “eu sei e vocês não sabem”. A cena típica de opressores e oprimidos, estes sempre na posição passiva, de aceitação, sem contestação, pois ousar acarretava punição.

A vida dentro do meu Aquário

> **"Não quero lhe falar, meu grande amor**
> **Das coisas que aprendi nos discos**
> **Quero lhe contar como eu vivi**
> **E tudo o que aconteceu comigo"**
>
> *Belchior*

Minha primeira escola, na zona leste da capital paulista, região em que fui criado, foi uma daquelas particulares, pequenas, de bairro. Chamava-se "Leofavi" — imagino que esse nome seja a somatória de nomes de alguém. Minha primeira professora foi a Josefina. Ela tinha cabelo vermelho fogo. Era doce e acolhedora. Quando entrei na faculdade anos depois, ganhei dela uma caixa de bombom. Estudei meus primeiros dois anos de ensino fundamental na Escola Municipal de 1.º e 2.º grau Mascarenhas de Moraes, peguei piolho nos dois anos que estive lá. Lembro-me até hoje do saborqueimado do leite servido no recreio.

Quando a vida financeira melhorou em casa, meus pais transferiram a mim e a minha irmã para um colégio particular chamado Civitatis, onde estudei até o final do ensino fundamental. Hasteávamos a bandeira toda semana e cantávamos o hino Nacional — mesmo no final do regime militar, a escola mantinha esses ritos. Fazíamos reverência a Duque de Caxias, por sua bravura na guerra do Paraguai. Hoje, sinto calafrios ao me lembrar desse episódio.

> **"Nós somos medo e desejo**
> **Somos feitos de silêncio e som (...)"**
>
> *Lulu Santos*

Gostava de alguns professores, principalmente da professora de Biologia. Talvez por isso tenha escolhido estudar Agronomia. Professora Kiyo era o nome dessa "conspiradora". Sofria bullying por ser magro, alto e, segundo colegas que me julgavam, esquisito e afeminado. Tempos difíceis de uma adolescência solitária. Meus pais, sempre queridos e companheiros, acolhiam-me. Já os professores, eram omissosàs agressões verbais e, por vezes, físicas, contra mim. Aquele aquário tinha águas geladas e turvas e eu só queria saber de pular fora o quanto antes. Já na época, a música do Pink Floyd, The Wall, cabia como uma luva para ilustrar o doce sistema escolar:

"We don't need no education

(Não precisamos de nenhuma educação)

We don't need no thought control

(Não precisamos de controle mental)

No dark sarcasm in the classroom

(Chega de humor negro na sala de aula)

Teachers leave them kids alone

(Professores, deixem as crianças em paz)

Hey! Teachers! Leave them kids alone!

(Ei! Professores! Deixem essas crianças em paz!)"

No colegial, fui para o Objetivo, não por opção, mas porque a escola anterior fechara o ensino médio. Lá, tive um ensino baseado em apostilas. Tudo era apostilado. O foco era o vestibular. Eu nunca entendi o que era isso, nunca perguntei, nunca ninguém falou. Diziam apenas: "estude, decore!".

Havia um professor fora da curva no Objetivo, o Nunes, que lecionava História. Eu viajava pelo mundo com suas conversas sobre Revolução Francesa, conquistas, navegações e descobertas. Incrível. Ele dava aula como professor com apostila, seguindo o plano de aula e despejando conteúdo. Mas, era uma aula com amor.
Transbordava disposição. Parecia que toda aula era a sua primeira vez em classe. Feliz e apaixonante. Era um professor com jeito ACP - Abordagem Centrada na Pessoa.

Segui todo o processo formal de educação. Nada desafiador. O foco era passar de ano. Eu passei por todos eles, mas sempre no limite. Amava a média cinco. Hoje, pergunto-me por que o sistema educacional ainda não entendeu que é possível aprender por outros caminhos que vão além do cognitivo. Isso aumentaria — e muito — o sucesso da aprendizagem e a inclusão de todos os alunos em sala de aula. Muitas vezes, eu ficava imaginando que, ao término dos anos de estudo, eu teria uma cabeça imensa e um corpo franzino que serviria apenas como meio de transporte para a parte de cima. Descobri, anos mais tarde, que o educador inglês Ken Robinson tinha essa mesma definição.

Antes de entrar na faculdade, fiz o famigerado cursinho, no Etapa. Foi quase viver em clausura, como aquelas freiras que passam anos sem falar. Minha novena diária era estudar. Era, mais uma vez, um aquário com água parada e fria que oferecia o conforto das apostilas para ensinar regras de três e fórmulas químicas. Vida estranha, esquisita e sem sentido.

> “Quando eu ganhava esse mundo de meu Deus
> Fazendo eu mesmo o meu caminho
> Por entre as fileiras do milho verde
> Que ondeia, com saudade do verde marinho
> Eu era alegre como um rio
> Um bicho, um bando de pardais
> Como um galo, quando havia
> Quando havia galos, noites e quintais”
>
> *Belchior*

Finalmente, o grande dia chegou, o vestibular. Prestei Agronomia. Apenas duas universidades públicas, Esalq USP e Unesp Botucatu. E foi para a Faculdade de Ciências Agronômicas da Unesp que a vida me jogou. Sabe por que resolvi estudar Agronomia? Para sair de casa, queria sair do aquário e me joguei no mar, por conta própria, sem boia. Loucura total. Foi bem difícil no início. Vivi em república de estudantes (uma grande escola para a vida), fiz teatro, coral, participei do diretório acadêmico, fui a muitas festas, tive amores, dores e até estudei. Adorei a vida na faculdade, mas não muito as aulas. Coisas sem sentido, teóricas e distantes da realidade. Havia exceções, muita gente querida disposta a trocar e inspirar. Mas, mesmo assim, eram aulas no modelo professor-aluno. Novamente, lábios versus ouvidos.

Aprendi ao longo dessa longa jornada escola-universidade que, na maioria esmagadora das vezes, estudei para atender aos desejos do professor, pouquíssimas vezes ao meu.

Antes de sair da faculdade, fiz um estágio em Kibbutz (pequena comunidade economicamente autônoma com base em trabalho agrícola), em Israel. Foram quase sete meses num país cheio de tradições, costumes e diversidade. Trabalhei como voluntário — leia-se boia-fria. Foi uma experiência única e transformadora. Aprendi na pele valores para a vida. Após essa transformadora vivência, fiquei ainda mais seis longos e intermináveis meses na Universidade, até a formatura.

Nunca a faculdade nos estimulou a pensar ou perguntar coisas do tipo: o que é trabalhar? O que é uma empresa? A faculdade era paternal. Quando saí desse aquário, caí no oceano do trabalho. A vida do lado de fora era dura. Descobri vivendo, doendo.

Meu primeiro emprego foi com irrigação. Matemática pura. Odiava com todas as forças. Depois, trabalhei em algumas empresas de fertilizantes. Uma das atribuições do meu trabalho nessas empresas era promover tecnicamente o produto, Salitre do Chile, cujo preço era baseado no dólar. Era muito caro. Eu visitava as roças durante o dia e, no início da noite, palestrava para produtores. Era um ritual diário. O tema era técnico e, como eu também achava chato falar e alavancar vendas de um produto caríssimo, resolvi inovar. Fertilizante é um sal, ou seja, produz corrente elétrica. O Salitre não é diferente. Assim, colocava água em um balde, diluía o adubo, colocava um fio nessa solução e outro na tomada. Eles se uniam numa lâmpada e, quando eu fazia essa mágica, a luz acendia. Paralelamente, comparava com a ureia, um adubo que tem como base o petróleo. Por se tratar de uma molécula orgânica, sem carga, durante a experiência, a luz não acendia. Foi um jeito didático que arrumei para explicar química. O resultado era interessante. Ao menos, alguns entendiam melhor o que acontecia com o fertilizante no solo.

Depois, comecei a falar sobre *marketing* nas palestras. Isso porque estava animado com a pós-graduação que acontecia paralelamente à vida no trabalho.

Foram 18 meses estudando Administração de *Marketing* na FAAP (Fundação Armando Álvares Penteado), em São Paulo. No final da minha vida como agrônomo, eu falava de tudo, menos sobre os produtos. Assim, era melhor abandonar o barco agronômico e navegar em outras águas. Considero esses momentos da minha vida o início daquilo que hoje transformou-se em facilitação.

Logo após terminar a pós-graduação, algemado na cadeira — por escolha própria —, resolvi com um amigo, Vitor Hugo, montar a Syntese Marketing e Consultoria Agrícola. Era abril de 2003 e eu estava, então, jogando-me de vez no oceano dos empreendedores brasileiros. Saí do aquário corporativo e comecei uma vida nova. A razão social da empresa não poderia ser mais óbvia. Afinal, o negócio unia duas das minhas habilidades: agricultura e *marketing*.

Nesse mesmo período, fui convidado para dar minhas primeiras aulas na FAAP. O convite veio do professor Edilberto Camalionte, mentor importante no início da minha carreira acadêmica. Tudo começou com uma palestra, que se tornou um ciclo de palestras sobre minha vida "agro marqueteira", algo novo, naquela ocasião. Pouco tempo depois, eu já era professor da pós-graduação, na disciplina de Empreendedorismo.

Num primeiro instante, repeti os modelos que conhecia, escondia-me no conteúdo e no *Power Point*. Eram dezenas, centenas de *slides*, cheios de teorias e papagaiadas sobre empreendedorismo. Eu era muito inseguro, tinha um calhamaço de autores para citar e justificar qualquer questionamento que pudesse surgir. Não ouvia ninguém. Porém, um dia, quase que ao acaso, "caí" na palestra de uma senhora chamada Anita. Foi incrível. Ela contou a história de um homem com quem viveu alguns anos, trabalhando e, depois, casada. Era ninguém menos que Paulo Freire. E ela, Anita Freire, viúva do maior educador brasileiro.

Aquilo foi uma bomba na minha vida. Comprei e devorei os livros dele. Para provar meu nível de loucura, comecei a usar a biografia de Paulo Freire nas aulas de empreendedorismo. Seguia focado naquilo que eu considerava bom e continuava não ouvindo os alunos.

A Syntese começava a caminhar. Meu compadre Vitor Hugo saiu da sociedade e optei, então, por focar treinamentos. Isso foi em 2007. Toda essa virada também aconteceu nos clientes que eu já atendia. Eram, na sua maioria, produtores ou empresas da área agrícola, gente simples e querida. Fiz vários projetos com analfabetos e, nessa hora, Paulo Freire fez ainda mais sentido para mim. Colhia o vocabulário e o conhecimento local e, juntos, aprendíamos. Tive experiências reveladoras. Muitas vezes, no mesmo dia, eu falava com analfabetos cheios de vontade de ensinar e aprender e, à noite, lá estava eu, na FAAP, falando com adultos na pós-graduação. Não havia como não criar músculos flexíveis e adaptados a realidades tão diferentes. Só percebi isso com o tempo.

Numa noite, numa aula na FAAP, sabendo que o meu coordenador, Richard Vinic, apoiava minhas ideias, resolvi fazer aquilo que parecia óbvio: ouvir os alunos. Perguntei a eles: "se vocês estivessem dando aula no meu lugar, como seria essa aula? O que gostariam de ver?". Um silêncio perturbador se instalou na sala. No início, quando isso acontecia, eu quase enfartava. Depois, com o tempo, fui entendendo que era natural e bastava eu esperar e confiar no grupo.

Pois bem. A partir desse dia, quase não corrigia mais provas. Isso passou a ser responsabilidade dos alunos. Na verdade, dos que escolheram ter essa experiência. Dos outros, eu corrigia. Uma aula de empreendedorismo na qual os alunos não poderiam se dar notas seria, no mínimo, estranho — para não dizer um contrassenso. Além disso, desde quando uma prova, prova alguma coisa? Passamos a vida sendo balizados e amedrontados por provas inúteis. O vestibular talvez seja a maior referência, um filtro torturante para a criatividade de escolas e alunos. Assim, agarrei aoportunidade e joguei na fogueira provas, notas e, de carona, a lista de presença.

Outra grande mudança foi o fato de os alunos começarem a trazer empreendedores das suas redes de relacionamento para dar aula e dividir suas experiências. Virava um grande debate. Foram momentos de muito aprendizado, conhecipessoas com histórias cheias de superação e propósito. Acredito que para eles tenha sido bom. Era uma aula no escuro, não sabia quem era a pessoa, o que falaria e como os participantes reagiriam (incluindo eu). Foram quase dez anos na FAAP. Alguns alunos reclamavam na ouvidoria que eu não dava aula, era folgado e nem prova corrigia. Outros realizaram o sonho de tirar dez, trocaram de emprego — inspirados pelos empreendedores — e passaram a interagir com colegas depois de quase 18 meses de aula.

No final de 2008, comecei a fazer mestrado na Universidade Metodista, em Administração com ênfase em Gestão de Pessoas. Coloquei as algemas novamente, acorrentei-me à cadeira e, durante dois anos e meio, torturei-me naquele aquário. Minha tese foi sobre comportamento empreendedor. Fiquei satisfeito com o resultado da dissertação, apesar de não ter tido a chance de expor minhas ideias, já que o sistema exige que o conteúdo exponha autores consagrados dialogando e sustentando a tese. Controle x liberdade novamente em ação.

Até hoje, não sei como terminei o mestrado. Aulas modorrentas, discussões teóricas e debates inócuos, no meu ponto de vista. O que ficou foram as amizades com alguns colegas de classe e a boa vontade de alguns professores, como o meu paciente orientador, professor Dr. Luis Roberto Alves.

Fui atrás do mestrado porque a Syntese também mudava o rumo e começava a dar sinais de vitalidade. A empresa começou a atuar em clientes fora do circuito agrícola e, pela primeira vez, a figura do RH surgia à minha frente. No mundo corporativo, os treinamentos seguiam o mesmo modelo das aulas que tive ao longo da minha vida acadêmica. Está certo que não eram tão burocráticas, mas ainda estavam centradas naquilo que eu, o treinador ou o professor, entregava como conhecimento.

Águas turvas de *Burnout*

> **“Eu hoje tive um pesadelo e levantei atento, a tempo.”**
>
> *Cazuza e Frejat*

Tudo corria aparentemente bem. A Syntese crescia, mais clientes e parceiros chegavam. Mas algo me incomodava. Sabia que o jeito como estávamos conduzindo os processos de aprendizagem não era o que eu queria. Por outro lado, não tinha a resposta sobre como deveria ser, então. Até que uma crise se abateu, e tenho pra mim que ela foi necessária para me trazer a resposta que eu buscava.

Um dia, durante um treinamento, corri o risco de colocar toda a história da Syntese a perder. Após passar um trecho de um filme para uma sala lotada, percebi que algumas pessoas estavam focadas em seus celulares e pouco interessadas no conteúdo exposto. Fiquei “bravinho”, irritado e resolvi fazer um caminho anti-ACP. Fiz um discurso inflamado sobre o significado da palavra idiota. Mal sabia que, no fundo, estava falando sobre mim mesmo. Só me dei conta disso e de outros tantos escorregões após *feedback* de pessoas próximas e parceiras.

Fisiologicamente, também estava deteriorado, definhando. Um dia, fui cutucar uma unha e ela caiu, sangrou, doeu. Começaram a cair todas as unhas, uma a uma. Tomei remédio para pressão, colesterol alto, problemas de circulação, pedras nos rins, cansaço extremo, mau humor, rinite constante, estresse e depressão. Eu achava que estava tudo normal, afinal, estava "ficando velho" ou trabalhando muito.

Até que uma grande amiga e consultora, Patrícia Rocha, disse-me: "você não é mais o mesmo, perdeu energia, parece triste". Ela contou que se tratava com o Dr. Jou Eel Jia e que ele poderia fazer um diagnóstico e me ajudar. Ele me diagnosticou com burnout, a síndrome da fadiga crônica. Essa doença é recorrente naqueles que trabalham intensamente com pessoas, trocando desequilibradamente energia, muitas vezes dando mais do que recebendo e, por outras tantas, sendo vampirizado.

A cura orgânica e física foi rápida. Mas a questão era outra. Estava na hora de rever o meu modelo mental que estava falido. Fiz um profundo processo chamado *Coaching* Holístico. Revi valores e crenças. Olhei para o passado, para as dores, os medos e para a escuridão. Foi muito doloroso. Travei inteiro. Cheguei a facilitar os processos de aprendizagem sentado. É incrível a nossa capacidade de construir prisões, lugares terríveis, porém confortáveis. Muitas vezes, a prisão que criamos vira a razão da nossa existência, o lugar pelo qual nos apaixonamos. Para sustentar esse mundo usamos, as barras de ferro das grades, como as crenças que nos sufocam dentro de celas apertadas.

Todo esse processo permitiu que eu conhecesse minha cela mental. E para sair dela precisei encarar de frente a prisão que havia construído para mim. Talvez por isso a visita à Robben Island tenha me causado tanta emoção. Estar diante da cela que fez de Mandela um líder mundial foi tão transformador quanto ter encarado a minha própria cela.

Quando consegui, enfim, libertar-me, eu me sentia um fênix. Pouco mais de um ano do início dessa jornada, no dia 2 de julho de 2015, inauguramos o Núcleo de Aprendizagem Syntese. Foi um salto quântico.

O processo de cura foi tão transformador que, durante dois anos, fiz uma pós-graduação em *Coaching* Holístico, no mesmo local que fiz o tratamento. Foi um novo encontro, agora na versão chinesa, com as famigeradas cadeiras.

> **“Eu sou a vela que acende**
> **Eu sou a luz que se apaga**
> **Eu sou a beira do abismo**
> **Eu sou o tudo e o nada”**
>
> *Raul Seixas*

Peixes Conspiradores

Já nos primeiros dias dentro do Núcleo de Aprendizagem Syntese, eu e o Beto (Roberto Lago Leal, meu primo e amigo, figura essencial para a Syntese desde 2011) conversamos sobre o futuro e nossas incoerências. Percebemos que vendíamos muito daquilo que não fazíamos como empresa. Nossos então consultores — era assim que os chamávamos no passado — vieram do mercado e atuavam a sua forma, sem nenhuma identidade com a Syntese e tão pouco com o nosso jeito, que veio a ser descoberto logo depois.

Tivemos alguns momentos importantes para a virada da chave. Primeiro, com a consultora Cíntia Martins, discutindo conosco o conceito de facilitação. Depois, com a chegada de uma coordenadora de educação que ajudou a organizar as ideias de facilitação que habitavam a Syntese.

Tudo isso ganhou ainda mais contornos quando conheci profundamente Carl Ransom Rogers e sua obra. Entendi o que era a Abordagem Centrada na Pessoa - ACP (temos um capítulo dedicado a ela). Rogers ganhou força na Syntese quando o psicólogo e presidente da Associação Paulista da ACP, Marcos Alberto da Silva Pinto, foi à empresa para uma roda de conversa. Não tenho dúvidas de que essas duas pessoas, pai e discípulo da ACP, foram essenciais para que adotássemos um novo posicionamento que transformaria a Syntese e a mim para sempre.

O "golpe de misericórdia" nesse processo de transição foi a palestra do professor José Pacheco, no Núcleo de Aprendizagem Syntese. O nosso Conspirador maior, aquele que se apresentou como "Inspiro com", mostrou a importância dosilêncio e colapsou a realidade e o nosso jeito de pensar, definitivamente.

Foi desse jeito que a ACP, a facilitação e os processos de aprendizagem aterrissaram na minha vida e na Syntese. E é sobre esse jeito de ser que falaremos nas próximas páginas. Esse jeito sempre habitou a minha vida e ganhou forma, contornos, rostos e vozes à medida que cada conspirador entrou nessa jornada. São muitos os "conspiradores" e vou listá-los, mesmo sabendo que corro o risco de ser injusto ao me esquecer de alguém: Paulo Freire; José Pacheco; Carl Rogers; Rubem Alves; Nelson Mandela; Cíntia Martins; Patrícia Rocha; Helena Miyahara; Marina de Mazi; Roberto Leal; Alexandre Martins; Renato Inácio ou Jesus, o grande Dom Quixote visionário; Marcos Alberto da Silva Pinto; Regina Leite; Wellington Nogueira; Dr. Jou Eel Jia; Sandra Lázaro; Enéas José Rodrigues, meu bisavô, grande contadorde histórias e que hoje dá nome ao Núcleo de Aprendizagem Syntese; meus pais Luiz e Marlene, fundamentais nessa história; minha querida e companheira irmã Ana Paula; minha esposa parceira Taís Bruni Guedes; e os meus pequenos Felipe e Manuela Moreno, filhos queridos, crianças curiosas, cheias de esperança e minhas inspirações para a vida.

> “Tenho! Um mundo que é cor-de-rosa
> De coisas maravilhosas
> Que tanto sonhavas ter
> Sim! Sim! Sim! Sim!”
>
> *Sidney Magal*

Papai Alê

Este é o jeito que meus filhos, Felipe e Manuela, seis e quatro anos, respectivamente, costumam me chamar, como se houvesse outro pai. Acho engraçado.

Ser pai talvez seja a profissão que eu mais amo e também minha melhor escola para o processo de facilitação. Há um risco imenso nesse processo de “ser pai”, não tem manual, assim como a ACP que abordarei neste livro. É o jeito que prevalece, não há métodos.

Creio que exista uma linha tênue entre a liberdade e a libertinagem, entre o amor e o sufocamento. Talvez, eu só vá entender os frutos desse processo daqui a muitos anos. Na dúvida, optei por deixá-los como vieram ao mundo, libertos, porém com regras combinadas com eles e, se possível, promovendo um ambiente em que eles possam fazer escolhas que competem a cada um e no nível de maturidade deles, desde já. Obviamente, faço parte do processo, e também me posiciono, assim como minha esposa.

Toboágua

Nas férias de verão de 2017/18, fomos para um hotel fazenda no interior de São Paulo. Foram quase dez dias cercados por ar puro, piscinas, cavalos e vaquinhas. Quando estávamos na piscina, havia um toboágua. Obviamente, minha dupla pirou naquela brincadeira. O combinado era o seguinte: escorreguem e eu estarei na água os aguardando. Se precisarem de ajuda, basta esticar o braço, se não, sigam para a borda da piscina. No início, fui bastante solicitado, mas com o passar dos dias, fiquei lá, aguardando, mas agora quase como um observador, me divertindo com o processo deles. No último dia, eu não era mais necessário, ao menos para essa finalidade, e eles continuaram a brincar tranquilamente.

Acredito que criamos, eu e os meus filhos, uma rede de segurança. Afinal, mantive meu acordo, fiquei por perto, no lugar combinado. E eles cumpriram o papel deles, se divertindo. Facilitei o processo até o ponto em que eu não era mais necessário. Nesse instante, apenas me retirei, sem dores, sem apego, apenas com a alegria da fluidez do caminho.

Parêntesis para Falar dos Peixinhos aqui de Casa

Ao longo deste livro, farei quatro parêntesis para falar dos meus peixinhos, Felipe e Manuela. Falarei dos momentos que compartilhamos, cheios de vida e esperança. Eles são o meu trevo de quatro folhas.

> **“Tu é trevo de quatro folhas**
> **É manhã de domingo à toa**
> **Conversa rara e boa**
> **Pedaço de sonho que faz meu querer acordar**
> **Pra vida**
> **Ai ai ai**

Tu, que tem esse abraço casa
Se decidir bater asa
Me leva contigo pra passear
Eu juro afeto e paz não vão te faltar
Ai ai ai

Ah, eu só quero o leve da vida pra te levar
E o tempo para, ah
É a sorte de levar a hora pra passear
Pra cá e pra lá, pra lá e pra cá
Quando aqui tu tá" ❞

Thiago Iorc e Ana Clara Costa

Primeiro Parêntesis

Mostrei o parágrafo "*Toboágua*" ao Felipe, meu filho (seis anos). Ele leu e ficou feliz, mas pensativo. Passados uns 30 minutos, nós dois já deitados na cama, conversando sobre a vida e escutando música para que ele pegasse no sono, Felipe perguntou-me:

— *Pai, por que você colocou meu nome no livro?*
— *Porque você e sua irmã Manuela me inspiram a repensar a educação e a tentar de alguma forma ajudar a construir um mundo melhor.*
— *Por que, pai?*
— *Porque, quando estudei, minha escola era chata, os professores falavam muito, pouco nos ouviam. Amo vocês e gostaria que a escola fosse um lugar legal, prazeroso e divertido.*
— *Por que você me ama pai?*
— *Porque você é meu filho.*
— *Só por isso?*

— Sim, mas também porque te acho um menino querido, amado, inteligente, o filho que sonhei.
— Pai, como você sabe que me ama?
— Porque eu sinto.
— Pai, como você sente?
— É difícil explicar...mas sinto. Você não sente seu coração bater forte quando gosta de alguma coisa?
— Sim... Pai, por que você é meu pai se eu nasci da barriga da mamãe?
— Porque para você nascer eu dei uma parte minha para sua mãe. Foram dessas duas partes, a minha e a da sua mãe, que você foi feito. E você, filho, por que me ama?
— Porque você é meu pai.
— E como sabe que sou seu pai?
— Porque você casou com a mamãe.
— É verdade filho.
— Pai?
— O quê?
— Boa noite. Te amo.
— Boa noite, eu também te amo.

E assim dormimos ao som de *Imagine*, de John Lennon.

Acho que um pouco do que está neste livro tem muito dos sentimentos e sensações desse diálogo entre eu e meu filho. É um livro cheio de amor, perguntas e algumas respostas. A ACP é muito mais Felipe e Manuela do que qualquer outra coisa. Curiosidade genuína. Curiosidade da alma. Olhos de criança, num mundo tão duro.
Obrigado, filho! Obrigado, filha!

**“Eu fico com a pureza das respostas das crianças:
É a vida! É bonita e é bonita!
Viver e não ter a vergonha de ser feliz, Cantar,
A beleza de ser um eterno aprendiz”**

Gonzaguinha

Capítulo 2

Abordagem Centrada na Pessoa na Educação Corporativa

> “Dizem que sou louco por pensar assim
> Se eu sou muito louco por eu ser feliz
> Mas louco é quem me diz
> E não é feliz, não é feliz
> Eu juro que é melhor
> Não ser o normal
> Se eu posso pensar que Deus sou eu”
>
> *Rita Lee*

Não dá para falar de Abordagem Centrada na Pessoa - ACP sem falar de Carl Ransom Rogers e de Marcos Alberto da Silva Pinto. Rogers foi o precursor dessa abordagem. Humanista, nasceu nos EUA, em 1902. Quando ele ainda era criança, seus pais, cristãos fundamentalistas, decidiram se mudar para uma fazenda com a intenção de afastar os filhos dos males e mazelas do mundo. Ele mesmo dizia ter sido uma criança muito solitária, uma pessoa introvertida, que cresceu isolada e que só conseguiu ter um relacionamento saudável depois de adulto.

Rogers, influenciado pelo ambiente agrícola em que vivia, estudou por quase dois anos Agronomia, mas formou-se em História e, mais tarde, em Psicologia. Como psicólogo, lecionou em universidades, como UCLA, Harvard, Berkley, Wisconsin, Chicago, Ohio. Foi presidente da American Psychological Association. Publicou nada menos que 12 livros. Em 1940, ao expor suas ideias em uma conferência na Universidade de Minnesota, foi fortemente confrontado e passou, então, a considerar este dia - 11 de dezembro - como o marco do nascimento da Psicoterapia Centrada na Pessoa.

Foi na universidade de Chicago que ele pôde colocar em prática sua teoria de que o professor pode ser um facilitador da aprendizagem, oferecendo recursos para que o aluno adquira o conhecimento por meio das vivências. Esta é a base da Abordagem Centrada na Pessoa e é a base do trabalho da Syntese nos processos de aprendizagem e desenvolvimento de pessoas nas organizações.

Ter na consultoria a ACP como DNA só foi possível graças ao Marcos. Por meio dele, conheci o universo inicialmente construído por Rogers e, desde então, tudo passou a fazer sentido. Minhas crenças, meus valores, meus sentimentos e sensações, minha visão empreendedora. Tudo se conectou.

Graduado em psicologia, Marcos é psicoterapeuta e facilitador de grupos de encontro desde 1990. Ministra cursos e palestras sobre a Abordagem Centrada na Pessoa em todo o Brasil. Ele é idealizador, colaborador e mantenedor do *site* especializado em ACP, www.encontroacp.com.br. Ajudou a fundar a Associação Paulista da ACP, tendo sido presidente por quatro vezes. Atualmente, todos os meses ele tem um encontro marcado com os facilitadores (e não mais consultores) da Syntese para falar sobre a abordagem, tirar dúvidas que surgem no dia a dia dos profissionais em ambientes de aprendizagem corporativos e reforçar que, sim, sempre é possível escolher o caminho da facilitação.

Marcos sempre faz questão de pontuar que ACP não é uma técnica, mas um jeito de ser, uma atitude, uma crença. Confiar na ACP significa confiar na capacidade natural do outro de sempre buscar o melhor para si. Segundo Rogers, "todo organismo é movido por uma tendência inerente para desenvolver todas as suas potencialidades de maneira a favorecer o seu enriquecimento". Para resumir o que é a ACP, Rogers costumava citar Lao-Tsé, filósofo e poeta da China antiga:

> **"Se eu deixar de interferir nas pessoas,
> elas se encarregam de si mesmas.
> Se eu deixar de comandar as pessoas,
> elas se comportam por si mesmas.
> Se eu deixar de pregar às pessoas,
> elas se aperfeiçoam por si mesmas.
> Se eu deixar de me impor às pessoas,
> elas se tornam elas mesmas."**

Pela visão da ACP, a pessoa precisa apenas de um ambiente que promova condiçõespara que ela busque seu caminho, suas respostas e encontre-se. E cabe ao facilitador promover esse ambiente, apenas ajudando o grupo a encontrar sua trajetória.

"Diego não conhecia o mar. O pai, Santiago Kovakloff, levou-o para que descobrisse o mar. Viajaram para o Sul. Ele, o mar, estava do outro lado das dunas altas, esperando. Quando o menino e o pai enfim alcançaram aquelas alturas de areia, depois de muito caminhar, o mar estava na frente de seus olhos. E foi tanta a imensidão do mar, e tanto seu fulgor, que o menino ficou mudo de beleza. E quando finalmente conseguiu falar, tremendo, gaguejando, pediu ao pai: - Pai, me ensina a olhar!"

Eduardo Galeano. O Livro dos Abraços.

“Se um educador escuta um
'me ajuda a olhar!', seja através
da fala, dos olhos, das mãos,
do corpo, do sonho,
do choro, da dor, da alegria,
ele deveria sempre
responder com um
'me ensina o que você viu!'”

Tião Rocha, livro Cartas a Jovens Educadores.

Os Princípios da ACP

“É chato chegar a um objetivo num instante
Prefiro ser essa metamorfose ambulante
Do que ter aquela velha opinião formada sobre tudo”

Raúl Seixas

A Abordagem Centrada na Pessoa tem como pressuposto a tendência atualizante e, com base nela, compreende-se que existem três posturas que podem facilitar o desenvolvimento humano. São elas:

- Compreensão empática
- Congruência
- Aceitação incondicional positiva

Tendência Atualizante

> “Nada do que foi será
> De novo do jeito que já foi um dia
> Tudo passa
> Tudo sempre passará
> A vida vem em ondas
> Como um mar
> Num indo e vindo infinito
> Tudo que se vê não é
> Igual ao que a gente
> Viu há um segundo
> Tudo muda o tempo todo
> No mundo”
>
> *Lulu Santos*

Tendência atualizante é, justamente, a convicção de que todo ser vivo busca o melhor para si. Tudo no universo está em formação e tem uma tendência formativa. Mas, ao longo da vida, aprendemos a não confiar na nossa atualização e nos desvinculamos de nós mesmos. Então, muitas vezes, encontramos como forma de atualização o ato defazer escolhas tidas pelos outros como as certas, as melhores ou as mais adequadas.

O resultado é uma insatisfação coletiva. Quem obedece não é feliz, já que não pode ser autêntico, genuíno e agir de acordo com suas necessidades e vontades. Quem “ordena” também é infeliz, porque vive o desgaste de tentar colocar o outro na rota que julga ser a melhor para ele. Essa situação não é rara de ser vista nas relações pessoais e profissionais. Portanto, qualquer semelhança com o mundo corporativo não é mera coincidência.

As pessoas nascem livres para ser e fazer o que querem. Mas ao tentar seguir os padrões sociais e as vontades alheias, passam a viver sob julgamentos. Para dar um exemplo simples, vou falar dos evangélicos. Na minha infância, era comum o sono matinal de domingo da família ser interrompido por pessoas religiosas que tocavam a campainha de casa para pregar a palavra do Senhor. Faziam isso — e creio que ainda o fazem — por considerar que a religião que faz bem para a vida deles também faria para a vida do outro. Isso é um julgamento, é cercear a liberdade de quem prefere, no caso, continuar dormindo na manhã de domingo.

A mãe que tira a blusa da criança por supor que o filho sente calor também está agindo influenciada pelo julgamento. O professor ou instrutor que enche a lousa de matéria julga que esta é a melhor forma de o aluno aprender e de contribuir para o desenvolvimento da classe. No entanto, quem confia na ACP sabe que o desenvolvimento do outro só acontece quando facilitamos as condições para o outro evoluir — e não quando tomamos decisões pelo outro. Dito isso, é fundamental reforçar o que o Marcos sempre repete nos encontros no Núcleo de Aprendizagem Syntese: "A ACP não dá liberdade, ela apenas não a rouba, já que o ser humano é livre desde o nascimento".

Lembrei-me de uma história recente que vivi com a minha filha Manuela, quatro anos. Eu estava incomodado com a sua franja, que no meu ponto de vista estava no seu olho, e disse: "Manu, esta sua franja nos olhos está me incomodando". Ela respondeu: "Mas pai, a franja é minha e não está me incomodando". Fui dormir com essa, pensando na relação controle x liberdade.

Rogers fez a seguinte reflexão, em 1959: "Penso que é possível agora ver claramente por que razão não existe filosofia, crença ou princípios que eu possa encorajar ou persuadir os outros a terem ou a alcançarem. Não posso fazer mais do que tentar viver segundo minha experiência e tentar dar aos outros a permissão e a liberdade de desenvolverem a sua própria liberdade interior para que possam atingir uma interpretação significativa da sua própria experiência".

> **"A vida, no que tem de melhor, é um processo que flui, que se altera e onde nada está fixo."**
>
> *Carl Rogers*

Compreensão Empática

> **"É sempre altamente enriquecedor aceitar outra pessoa."**
>
> *Carl Rogers*

Compreensão empática é, basicamente, a capacidade imprescindível do facilitador de tentar compreender o outro pelo olhar do outro, entendendo seu contexto, a forma como ele se enxerga e se sente. É entender o outro, despindo-se de preconceitos e julgamentos, deixando de lado o próprio ponto de vista e os próprios valores. Ser empático é tentar entrar no mundo interior do outro, "facilitando condições para que a pessoa também possa se consultar em seus sentimentos e em sua genuinidade", conforme Marcos escreve em seu livro *Praticando a Abordagem Centrada na Pessoa.*

Em um dos encontros dele com os facilitadores da Syntese, citou o simples exemplo de uma história dos personagens de gibi Cebolinha e Cascão. Em uma competição para testar quem era o mais valente, Cascão, que tem pavor de água, para à beira de um rio e estende a mão, até que seu dedo indicador fica a milímetros do nível da água.

Nesse momento, ele está certo de que seu ato de coragem lhe rendeu a vitória. Mas Cebolinha mergulha na água e se intitula o vencedor.

Cebolinha, nessa história, ao enxergar a atitude do Cascão com seus próprios olhos, sem entender o quanto o amigo foi capaz de vencer seu medo, perdeu a chance de ser empático. Eu, certamente, também perdi a chance de ser empático quando decidi discursar sobre o significado da palavra idiota a um grupo que olhava o celular enquanto eu passava um vídeo durante um treinamento. Olhei a turma pela lente do Cebolinha. Creio que seja possível ver as situações ao nosso redor pela perspectiva do Cascão ou do Cebolinha, cada uma propõe um ângulo, basta escolher. Ver o Cascão pelas lentes do Cebolinha é uma história, ver pela perspectiva dele — Cascão — mostra o que significou seu ato de coragem.

Muitas vezes, em nome da empatia, corre-se o risco de manipular o outro. Fazemos isso sem perceber. Ceder a um idoso o seu assento e insistir para que ele atenda ao seu pedido mesmo sem querer é um exemplo de empatia às avessas, digamos assim. É uma forma de querer controlar a vontade do outro. A manipulação bem-intencionada é velada, disfarçada, muitas vezes, de empatia. A boa intenção pode estar alimentada por julgamento e pretensão. Afinal, posso acreditar que sei do que o outro precisa mais do que ele próprio. Sendo assim, farei o possível para que ele se desenvolva naquilo que eu julgo importante.

> **“A verdadeira liberdade é estar na unidade. Eu preciso deixar de me sentir diferente dos outros. Cultivar o amor. O amor reaproxima, vence a distância e a ignorância”**
>
> *Professor Hermógenes, doutor em Yogaterapia.*

O grande desafio é encontrar uma forma de se libertar do controle. No que se refere aos processos de aprendizagem, o desafio vale tanto para o facilitador quanto para o participante. Querer controlar o grupo é o mesmo que aprisioná-lo, que mantê-lo no aquário. Como um grupo sob controle pode, depois de um processo de desenvolvimento humano, entregar para a empresa valores como autonomia, sentimento de dono, alinhamento de propósito, todas características tão desejadas por muitos empregadores ultimamente?

Por outro lado, também questiono como os participantes de um processo de aprendizagem que presume desenvolvimento podem desejar se pautar na apostila, no *Power Point*, no movimento dos lábios do instrutor (e não facilitador, neste caso)? O que será da trajetória profissional de cada um deles? E como isso se refletirá nas entregas que esses profissionais farão às empresas que os contratam? Como se refletirá nos resultados do negócio? É um círculo vicioso que, nós, da Syntese, tentamos quebrar todos os dias.

Por fim, empatia é perder-se com o outro num quarto escuro, sem a pretensão de saber a saída, porque, caso você acredite que saiba qual é a melhor saída, já não haverá mais empatia, e sim manipulação. Perder-se e achar-se com o outro, e não para o outro.

> **“Que beleza é saber seu nome**
> **Sua origem, seu passado**
> **E seu futuro**
> **Que beleza é conhecer**
> **O desencanto**
> **E ver tudo bem mais claro**
> **No escuro”**
>
> *Tim Maia*

Congruência ou Autenticidade

> “Nas minhas relações com as pessoas, descobri que não ajuda, a longo prazo, agir como se eu fosse alguma coisa que não sou.”
>
> *Carl Rogers*

Ser congruente é ter a capacidade e a coragem de expressar sentimentos e sensações provenientes das relações interpessoais. É ser genuíno com o outro, expondo-se de forma verdadeira na relação. Rogers dizia ter a preocupação de colocar à mostra seus sentimentos persistentes em relação ao outro. Quando era algo passageiro, ele não se obrigava a lembrar ou registrar.

Essa necessidade de estar com o outro de forma autêntica surgiu numa ocasião em que ele atendeu uma pessoa cuja forma como falava soava como monótona para ele. Embora se esforçasse para se ater ao que o paciente lhe contava, não conseguia estar na conversa de forma inteira. Depois de relutar muito, Rogers decidiu, então, compartilhar seu sentimento com o interlocutor. Disse a ele que, embora o conteúdo da conversa parecesse interessante, estava com dificuldade de prestar atenção, já que a forma como a pessoa se expressava o deixava cansado.

De início, o paciente ficou chocado. Chegaram a discutir um pouco sobre o assunto, até que o interlocutor de Rogers refletiu e disse: “Acho que descobri o motivo da minha fala monótona. Acho que ao longo da minha vida eu nunca tive a expectativa real de ser verdadeiramente ouvido”. Assim nasceu a congruência como postura facilitadora, de acordo com o relato do Marcos, em seu livro.

Importante reforçar que a congruência deve estar sempre acompanhada da empatia. Ser congruente está longe de ser rude ou grosseiro. Ao contrário disso. É uma forma de levar o outro em consideração, revelando que há o desejo de compreendê-lo e, portanto, de facilitar e aprimorar a relação.

Marcos escreveu: "Quando eu sinto a coragem e a confiança em me mostrar congruente nessa relação, ganho condições de me esvaziar daquilo de que eu estava me ocupando e voltar a estar genuinamente com ela (...) A congruência nos leva, certamente, a um novo nível na relação de ajuda e, muitas vezes, na tentativa de não perdermos o 'controle', nos escondemos atrás de explicações teóricas para justificar a nossa omissão em não dizer algo para o outro".

Rogers, no livro *Tornar-se Pessoa*, afirma: "Não serve de nada agir com calma e delicadeza num momento que estou irritado e disposto a criticar. Não serve de nada agir como se soubesse as respostas dos problemas quando as ignoro. Não serve de nada agir como se sentisse afeição por uma pessoa quando nesse determinado momento sinto hostilidade para com ela. Não serve de nada agir como se estivesse cheio de segurança quando me sinto receoso e hesitante (...) Não me serve de nada agir como se estivesse bem quando me sinto doente".

E continua: "Com efeito, parece-me que a maior parte dos erros que cometo nas relações pessoais, muitos dos momentos de fracasso nos meus esforços para ser útil aos outros, se explica pelo fato de que, por uma reação de defesa, comportei-me, de certa maneira, num nível superficial, ao passo que, na realidade, os meus sentimentos seguiam numa direção contrária".

Trazendo todo esse conceito para o universo da educação corporativa, quanto menos congruência existir, menor a probabilidade de ocorrer uma aprendizagem significativa. Para se manter dentro dos princípios da Abordagem Centrada na Pessoa, o facilitador precisa estar inteiro e confiante na relação com o grupo, crente na capacidade do grupo se atualizar (tendência atualizante) com base nas suas próprias escolhas.

Mas, como ser ACP em um ambiente cheio de regras e exigências da empresa/cliente? O processo de aprendizagem muitas vezes não pertence ao facilitador. Mas a forma, o jeito de apresentar essa programação ao grupo, sim. Praticar ACP é uma questão de postura, de comportamento, de atitude. ACP é um jeito de ser. Sendo um jeito de ser, você pode ser do seu jeito em qualquer ambiente. Isso, na essência, é "ser ACP".

Prova de que as pessoas se atualizam sob qualquer condição foi dada, mais uma vez, pelo Marcos, durante um curso que ministrou na Syntese. Ele contou que um de seus pacientes um dia chegou ao consultório muito cansado dizendo que naquele dia o que o ajudaria seria tirar um cochilo. Diante da situação, Marcos, de forma empática, disse que ele poderia cochilar, se assim desejasse.

De início, o paciente achou essa possibilidade estranha. Após alguns minutos conversando a respeito, ele decidiu tirar um cochilo durante o tempo que dispunha com o terapeuta, que permaneceu o tempo todo junto do cliente. Tempos depois, o homem confessou que Marcos havia conquistado sua confiança, definitivamente, no dia do cochilo.

Situação semelhante Rogers viveu durante a facilitação de um grupo. A primeira meia hora foi de total silêncio. E sobre esse fato, ele disse: "silêncio é uma atitude de pessoas vivas, e pessoas vivas se atualizam". O recado aqui é CONFIANÇA — confiar no potencial de o outro se atualizar. Este é o caminho para a facilitação, um lugar onde o controle não tem vez. É impossível controlar a atualização do outro. Mas é possível facilitá-la, sendo congruente, empático e, consequentemente, legítimo e genuíno.

Aceitação Incondicional Positiva

> “Um dia de chuva é tão
> belo como um dia de sol.
> Ambos existem,
> cada um como é.”
>
> *Fernando Pessoa*

Ouso dizer que a congruência e a empatia levam à aceitação incondicional positiva. Também seria verdadeiro afirmar o contrário, ou seja, que a aceitação incondicional positiva leva à congruência e à empatia. Vejamos. Onde não há controle, há confiança. Onde há confiança, há a crença no potencial do outro.

Dumela é uma palavra original de Botswana, na África. Acredito que ela define muito bem a aceitação incondicional positiva, pois ela é utilizada quando duas pessoas se cumprimentam, e significa nada menos que: “Perceba minha presença, não apenas passe por mim. Admita que eu e você compartilhamos este espaço. Vamos combinar que eu e você podemos ter uma conversa civilizada. Acredite que você não é mais importante do que eu e que eu não sou mais importante do que você”.

Segundo Rogers, como o próprio nome sugere, aceitação incondicional positiva é acapacidade imprescindível de o facilitador aceitar o outro incondicionalmente, independentemente do que o outro seja, fale, pense, deseje. Não significa concordar com tudo. Vale estruturar regras e impor limites, mas sem deixar de oferecer à outra pessoa a chance de — e condições para — se sentir aceita e, assim, permanecer disponível na relação para que possa se atualizar por meio dela.

Na convicção de que a outra pessoa está fazendo o melhor que pode naquele momento, há também a crença de que o outro está tentando buscar saídas, baseado em suas próprias experiências. Ora, o que vem a ser esse movimento se não a tentativa de entregar o máximo do seu potencial?

E não é isso que as empresas tanto desejam? Nunca se falou tanto em alto desempenho como agora. No entanto, exigir o alto desempenho é diferente de permitir o alto desempenho. Essa permissão é, a meu ver, a construção de um ambiente que facilite ao colaborador a entrega da sua melhor *performance,* possibilitando a ele autonomia para testar seus limites e capacidades.

Possibilitar que as equipes busquem o autodirecionamento (leia-se: liberdade para que se entreguem à atividade ou ao projeto) é uma moeda muito mais valiosa do que a bonificação ou premiação. O americano Daniel Pink, estudioso sobre motivação no ambiente de trabalho, conta, em uma das suas apresentações no TED, o resultado de um experimento que teve a participação de dois grupos:

- O que recebeu uma recompensa financeira para a solução do problema proposto;

- Outro que contou apenas com a pressão do tempo para chegar à solução.

O grupo que recebeu o incentivo levou três minutos e meio a mais para resolver a questão. Segundo ele, equipes guiadas pela máxima "faça isso e receba aquilo" mantêm o foco no prêmio e perdem a capacidade de visão periférica, criativa e inovadora. Pink cita o exemplo do Google, que permite que seus funcionários dediquem 20% do seu tempo de trabalho a projetos não relacionados à rotina da empresa. Produtos inovadores, como o Gmail e Google News, nasceram dessa prática.

Na recém-lançada animação infantil franco-canadense A Bailarina, a personagem principal é uma menina órfã, Félicie Milliner, que foge do orfanato em busca do sonho de ser bailarina na Paris de 1880. Até conseguir cursar as aulas de balé no Grand Opera, a menina vive muitas aventuras e, em uma delas, conhece Camille, que se torna sua principal rival na disputa por um papel na ópera *O Quebra-Nozes.*

Enquanto Camille era tida como a bailarina com a técnica mais perfeita do grupo, Félice chega ao Grand Opera sem sequer saber o que era um pas-de-deux. Embora não dominasse as técnicas do balé clássico, a menina órfã tinha verdadeira paixão pela dança e se movimentava com o coração e com a alma. Já Camille, dançava por imposição da sua mãe, a megera da trama.

Com muita dedicação, Félice atinge a perfeição na execução de cada passo de balé, tirando qualquer diferença técnica que pudesse haver entre ela e Camille. E, com isso, o que resta é a paixão. Ao encontrar o ambiente favorável para fazer da sua paixão a sua melhor entrega, Félice se destaca.

O curioso é pensar que esse repertório "acredite no seu potencial/ busque seu propósito" compõe o enredo de uma animação infantil. Se os millennials chegaram ao mercado de trabalho transformando as relações, penso o que será do universo corporativo quando as crianças de hoje estiverem nas cadeiras dos líderes. No mínimo, a constatação de Pink sobre motivação fará parte do dia a dia das organizações. Ou, então, estará obsoleta, dando lugar a uma nova forma, ainda mais inovadora, de construir negócios e engajar pessoas. Quem sabe o engajamento venha a ser, inclusive, um dos principais indicadores de resultados das empresas, estando entre as prioridades até dos acionistas.

O que se sabe hoje é que engajamento faz as pessoas se sentirem parte. E isso traz motivação. Torna, inclusive, mais longo o ciclo de permanência dos profissionais nas empresas. Por mais que executivos (não só os da área de Recursos Humanos) conheçam essa premissa, ainda há o desafio não só de transformar as culturas corporativas como também os processos de aprendizagem das empresas.

Quem quer, de fato, estimular o comportamento autônomo (o sentimento de dono, como muito se tem dito), estimula ambientes de aprendizagem facilitadores. Quem ainda não acredita que autonomia gera produtividade, de certo, vai exigir das consultorias do mercado o plano de aula estruturado em um belo *Power Point*.

Na Syntese, o *Power Point* não é o agente principal. Não é ele que leva o conhecimento que precisa emergir no ambiente de aprendizagem. O conhecimento, as respostas e as questões estão no próprio grupo. Por isso, adotamos o "jeito ACP" para criar condições facilitadoras aos participantes, permitindo que eles cheguem aonde querem chegar e confiando no potencial de cada um dos integrantes.

Concordo com Rogers quando ele diz que o melhor grupo de encontro é aquele que, depois que acontece, as pessoas falam: "fomos nós que fizemos isso". O participante é o centro do processo de aprendizagem — e não o conteúdo ou o facilitador.

"Sendo ACP"

Para fechar este capítulo, tenho escutado com frequência frases como "agora serei ACP", "vou começar a aplicar a ACP", "serei ACP e direi o que penso sobre você". Quando escuto estas ou outras frases similares, fico preocupado. A abordagem centrada na pessoa é um jeito de ser, e ela se refere ao seu próprio jeito. Não é uma pílula que você toma para usar, ou um método para dizer o que acha do outro — longe disso. A ACP também não é uma seita. Se ela o fosse, já mataria os seus próprios princípios.

Capítulo 3

Aquários e Oceanos

> “A parte mais difícil de imaginar o futuro é desimaginar o passado.”
>
> *Vijay Kumar, diretor-adjunto de Aprendizagem Digital do MIT*

A Vida dentro dos Aquários

Eu sempre gostei de aquários, mas não sou, propriamente, um praticante do aquarismo. Assim, minhas reflexões são como admirador e leigo, não como especialista. Vou usar o aquário lá de casa, aquele que ornamenta o quarto do meu querido filho Felipe, para traçar um paralelo entre a fauna criada no vidro, o tradicional ambiente escolar e o universo corporativo. Metaforicamente, classifiquei três tipos de aquários: aquário Brasil, aquário escolar e o aquário corporativo.

Começo essa jornada pelos aquários com a seguinte provocação feita outro dia por uma amiga. Ela disse: “O peixe não enxerga a água que habita”. Ela fazia um paralelo à cultura organizacional. Daí, perguntei: “Qual será a água que não vemos?”. Deixo para os leitores essa pergunta.

O Grande Aquário Brasil e a Era do Mandonismo

> “Brasil!
> Mostra a tua cara
> Quero ver quem paga
> Pra gente ficar assim
> Brasil!
> Qual é o teu negócio?
> O nome do teu sócio?
> Confia em mim”
>
> *Cazuza*

Concentração de Poder e Postura de Espectador é o nome de um dos capítulos do livro *Gestão à Brasileira*, da psicóloga, doutora em Administração, professora e conselheira Betânia Tanure. A última edição dessa obra data de 2007, mas os dados, garanto, continuam bastante atuais.

Um dos gráficos apresentados no livro e que é, especificamente, de 1996, revela o percentual de concordância dos profissionais para a seguinte afirmação: “É importante que o gerente tenha respostas precisas para a maioria das questões colocadas pelo subordinado sobre assuntos referentes ao seu trabalho”. No Brasil, o nível de anuência a essa premissa é o mais alto, chegando a 83%, contra 18% nos EUA, 27% na Grã-Bretanha, 53% na França e 66% na Itália (o segundo maior).

Considerando o ano da aplicação dessa pesquisa, convido o leitor a refletir se os 83% daquela época estão distantes da realidade vivida nas empresas hoje. Ouso dizer que não, já que, historicamente, como a própria Betânia escreve, o liderado, no Brasil, está habituado, desde a infância, à estrutura hierarquizada de poder. Mandonismo, protecionismo e dependência fazem parte da nossa cultura. Segundo a autora, foi daí que se originou o mutismo (derivado de mudez, é o estado de imobilidade, com uma especial ausência da necessidade de falar e de impulso verbal, que está presente nos casos de esquizofrenia e de histeria) visto na sociedade brasileira e que fez os diálogos serem substituídos por comunicados.

Betânia relata que os brasileiros funcionam orientados pela autoridade externa, principalmente num ambiente de pessoas com baixa qualificação, de grande desequilíbrio de poder, sem liberdade e autonomia e com baixo senso crítico. Só não concordo com o recorte de pessoas de baixa qualificação. Nos processos de aprendizagem que a Syntese tem facilitado nos seus quase 20 anos, temos visto muitos gestores e profissionais qualificados sem espaço para expor ideias ou sugestões de melhorias, sem oportunidade de provocar mudanças e ávidos pelo diálogo. Isso porque o ambiente não facilita sua participação e colaboração. É o controle em detrimento da liberdade, gerando uma postura de espectador naquele que deveria ser o protagonista, o agente de transformação.

O espectador é aquele que tem baixa iniciativa, pouca capacidade de realização por autodeterminação e que transfere a responsabilidade para o líder quando surge uma dificuldade. Todos esses atributos do "profissional espectador" estão na obra da Betânia, publicada em 2007, e, de certo, estão também presentes em muitos colaboradores que formam os times de grandes organizações hoje em dia.

Esse cenário contribui para a formação do ciclo vicioso no qual o líder, por conta da postura dos espectadores, prefere manter o controle rigoroso dos subordinados, assumindo a posição daquele que detém o poder e é indispensável para o bom desempenho do negócio. Seguindo o ciclo, o liderado se estabelece na zona de conforto e abre mão da sua contribuição na gestão.

Imaginem como é o clima dentro dessas organizações? Imaginem como se dão os planos de sucessão dentro dessas organizações? Muitas vezes, a Syntese é acionada para desenvolver processos de aprendizagem cujo objetivo é estimular líderes e liderados a manterem um diálogo aberto. E esta é uma boa notícia, já que demonstra um movimento do mundo corporativo em busca de práticas menos controladoras e mais colaborativas. Ainda é incipiente. Mas já é um começo.

Durante a redação deste livro, consultamos alguns profissionais da área de Recursos Humanos que, durante anos, estiveram em cadeiras de liderança dentro de organizações e, hoje, atuam como consultores e facilitadores. Perguntamos a eles se fazia sentido afirmar que o mercado corporativo passa por um momento de disrupção, no que se refere ao desenvolvimento organizacional.

Marina Mazi, que tem nada menos que 24 anos de trajetória na área de Recursos Humanos, com passagens por empresas como Telefônica e Credicard, hoje é consultora. Segundo ela, o método tradicional de desenvolvimento organizacional está fadado a desaparecer. “Ainda não dá para afirmar que se trata de um momento de disrupção, mas de um movimento gradual para o novo”, reflete.

Luciana Rovegno é mestre em educação de adultos pelo SIT (*School for International Training*, Vermount, EUA), além de mentora e facilitadora em grandes organizações. Ela também enxerga uma tendência de as empresas buscarem o novo e destaca a contribuição dos consultores ao provocarem a reflexão e trazer questionamentos e soluções que começam a despontar em empresas líderes em desenvolvimento humano. “Sempre digo que facilitação interessa aos diretores e ao presidente. Não é um assunto de RH somente. Quando a empresa envolve o RH nas decisões, é mais fácil fazer a liderança entender a importância de recursos educacionais que levam ao desenvolvimento não só dos indivíduos, mas também da organização”, afirma.

Ela ressalta que o desafio dos consultores é, primeiro, contribuir para o desenvolvimento dos profissionais de Recursos Humanos, levando a eles conhecimento sobre novas aplicações e ferramentas que são tendência em educação corporativa. Tem muita produção intelectual na academia, tanto no Brasil quanto mundo afora, ou seja, especialistas debruçados em novas descobertas e seus benefícios para as corporações. Quanto mais o consultor se apropriar desses novos conhecimentos e compartilhá-los com os RHs, maior será a probabilidade de provocarmos mudanças em como as organizações entendem o papel da aprendizagem para o alcance de resultados, incorporando novas — e mais eficazes — formas de desenvolver suas equipes.

"Ainda vemos muitos profissionais de RH atuando de forma reativa, preocupados com a percepção de valor que as ações de desenvolvimento humano geram", esclarece Luciana. E completa: "O RH não pode se sentir constrangido e ter receio ao demandar tempo da alta liderança para discutir pessoas, estrutura, sucessão, desenvolvimento etc. Não faz sentido achar que "temas de negócios" são mais importantes que temas relacionados ao desenvolvimento humano. Afinal, é por meio das pessoas que o negócio dá resultados...ou não?", enaltece.

Enquanto a disrupção não acontecer de maneira significativa, entendo que a Syntese e outras consultorias terão papel importante no mercado. Porém, torço para chegar o dia em que nossos serviços não sejam mais necessários. Nesse dia, veremos empresas promovendo diálogos internos, sem a necessidade de intervenção ou intermediação de terceiros.

Não é preciso ser genial para constatar que onde há diálogo há mais chance de se estabelecer empatia (compreensão empática) entre as partes. Empatia é a ponta do fio que liga o propósito do colaborador ao da empresa. Ela permite conexão entre a vontade da companhia de priorizar pessoas para conquistar resultados e a vontade do time de querer fazer parte, de se engajar nessa conquista. É justamente isso que tentamos mostrar para as empresas que insistem em querer controlar o conteúdo e a forma dos processos de aprendizagem.

> **“A minha gente sofrida**
> **Despediu-se da dor**
> **Pra ver a banda passar**
> **Cantando coisas de amor (...)**
> **Mas para meu desencanto**
> **O que era doce acabou**
> **Tudo tomou seu lugar**
> **Depois que a banda passou**
> **E cada qual no seu canto**
> **Em cada canto uma dor**
> **Depois da banda passar**
> **Cantando coisas de amor”**
>
> *Chico Buarque*

Aquário Escolar: Ambiente de Água Fria

> **“Pai, como a água entra no coco?”**
>
> *Felipe Moreno, seis anos, meu filho, curioso sobre a água de coco que bebia numa tarde ensolarada.*

O que tenho visto, ao longo da vida, é uma educação focada no professor, instrutor ou qualquer outro nome que se queira dar. O conteúdo, muitas vezes maçante e sem sentido com a realidade, é despejado por grandes manilhas de barro, são dutos de esgoto e água misturados, tudo caindo na cabeça no aluno em grandes volumes, enchendo os aquários de tralhas, lixos que boiam pelas águas turvas de mentes agitadas e ocupam espaço nos HDs das crianças, jovens, adultos. O que vale é o que o professor sabe.

Outro dia, estive numa reconhecida instituição de ensino brasileira, que promove concorridos cursos de MBA e pós-graduação. E, para a minha surpresa, encontrei uma sala de aula desenhada como uma arena em semicírculo — quase uma meia arquibancada — e, no centro, um belíssimo púlpito de madeira, onde todo o saber emana de um superprofessor para resolver problemas de alunos que muitas vezes ele nem sabe o nome.

Após refletir sobre as teorias e práticas acima, resolvi escutar alguma pessoas para que este capítulo não corresse o risco de ficar focado apenas na minha perspectiva. Escutei desde crianças até universitários, da educação pública e privada.

Comecei a jornada com um querido sobrinho, Leonardo, nove anos, que estuda numa escola privada muito tradicional de São Paulo.

— *Léo, do que você mais gosta na escola?*
— *O que mais gosto é o recreio. Acho que poderia durar uma hora.*
— *Por quê?*
— *Porque é divertido!*
— *E de qual aula você mais gosta?*
— *Adoro aula de Educação Física e Música.*
— *Por quê?*
— *Porque nessas aulas eu tenho um tempo para fazer o que quiser. Existe também a aula da assembleia ou convivência. Nessa aula, a gente fica em roda e discute sobre coisas que acontecem e o que a gente gosta ou não. Por exemplo, um amigo meu disse que o padrasto de um amigo dele o chamava de gordinho toda vez que ele ia brincar lá, e ele não gostava.*

— *Léo, e o que você fez quando ouviu essa história?*

— *Eu não fiz nada. Apenas escutei.*

— *Você acha que o ajudou?*

— *Acredito que sim, porque ele disse que conversou com o padrasto do amigo.*

— *Léo, do que você não gosta na escola?*

— *Eu não gosto da aula de História!*

— *Por quê?*

— *Porque a professora só fala, fala, fala... coisas sem sentido. Eu também não gosto de Português. Fico pensando por que preciso aprender paroxítona?*

— *Algo mais?*

— *Eu odeio lição de casa! Não sei por que temos tantas.*

— *Como seria sua escola ideal, Léo?*

— *Teríamos quatro meses de férias, dois no final do ano e dois no meio. E o recreio teria uma hora de duração. Ah, o professor também daria aulas mais legais, contaria histórias. Seria mais divertido.*

Fiquei pensando muito sobre os Leonardos que encontramos nas escolas. Até quando teremos uma educação que aprisiona o potencial criativo? Até quando teremos uma educação sem significado? Até quando teremos lição de casa? Por quanto tempo mais as escolas utilizarão as provas? Para mim, a pequena fala transcrita da conversa que tive com o Leonardo é um grito, um pedido de liberdade, uma busca pelo propósito naquilo que aprendemos.

Inspirado nessa conversa, lembrei-me de um pequeno trecho da música *Agora Só Falta Você*, composta pela maior roqueira do Brasil, Santa Rita de Sampa. Ela diz o seguinte:

> **“E em tudo que eu faço
> Existe um porquê
> Eu sei que eu nasci
> Sei que eu nasci pra saber”**
>
> *Rita Lee*

Recebi diversas redações de alunos. De maneira geral, li frases do tipo:

“Não entendo porque tanta lição de casa. Sonho com uma escola sem séries”, aluna do 7.º ano em uma escola particular*.

“Detesto copiar coisas da lousa”, aluna do 6.º ano em uma escola particular*.

“Amo o recreio”, aluno do 5.º ano em uma escola particular*.

“Sonho com uma escola que não seja focada no vestibular, e sim para a vida”, Rebeca Quatroni, aluna do 3.º ano do Ensino Médio, em uma escola municipal.

“Quando penso em escola, penso em obrigações, cansaço, incompreensão, infelicidade”, Camila Saueia, aluna do 3o ano do Ensino Médio, em uma escola municipal.

“Eu ia para a escola com um tênis sim e outro não. Amarrava o dedão para dizer que estava machucado”. Li esta frase na Virada Sustentável, em São Paulo.

**Os alunos não autorizaram a divulgação de seus nomes.*

Entre tantas coisas que recebi e que, sem dúvida, servirão de material para outros momentos, gostaria de dividir com o leitor e leitora duas cartas. São cartas de duas mulheres. A primeira estudou a vida toda em escola pública e, hoje, cursa Psicologia em uma universidade privada, fruto do seu esforço. A segunda, uma estudante do último ano do ensino médio, bolsista de uma escola privada, vivendo as angústias do futuro que se apresenta imenso à sua frente.

Primeira carta: A História de Marina

"Minha trajetória escolar começou aos seis anos de idade. Estudei durante 11 anos na mesma escola cheia de grades, portões e uma sirene ensurdecedora que nos avisava a hora de entrar na sala ou sair dela. Os professores eram detentores do poder e do saber, aulas chatas, alunos agitados, mesas e cadeiras enfileiradas, e a maior preocupação desses professores era manter a sala em silêncio. Se os alunos estavam aprendendo ou não, ninguém se importava. Se você fosse para a escola todos os dias e se comportasse, já era o suficiente para eles.

Eu sempre tive dificuldade de concentração e demorava muito mais que os meus colegas para aprender e terminar as atividades. Tenho lembranças de chorar muito em dias de provas por não conseguir acompanhar o ritmo da sala e ser sempre a última a terminar.

As salas eram sempre muito cheias e os professores não conseguiam olhar com atenção para todos os alunos. Geralmente, eles se preocupavam mais com quem era agitado e bagunceiro. Como eu era quieta e comportada, os professores não me percebiam.

Minhas melhores lembranças são as relações que construí nesses 11 anos. Muitos dos meus colegas abandonaram a escola: amigas que engravidaram durante a adolescência, aqueles que precisavam trabalhar e não conseguiram continuar na escola e outros que, infelizmente, foram vítimas da violência e tiveram a adolescência interrompida. Eu sempre ficava muito triste quando essas coisas aconteciam, porque meus amigos eram a melhor coisa que eu tinha na escola.

Na escola pública, não somos preparados para o tal vestibular. Lá, somos preparados para ser "alguém na vida". E o que é ser "alguém na vida"? Eu sempre ficava com essa dúvida.

Concluí o ensino médio aos 17 anos, mas não pude entrar na faculdade assim que saí da escola. Tive de trabalhar por um longo período até conseguir pagar minha faculdade sozinha, já que meus pais não podiam me ajudar.

Quando finalmente consegui entrar na faculdade, estava cheia de medos e curiosidade, pois a universidade sempre foi algo muito distante da nossa realidade de alunos de escola pública da periferia.

Logo percebi que muitas coisas se repetiam: a "famosa" grade curricular, as provas, aulas expositivas e professores que não consideravam a opinião e o conhecimento do aluno. Porém, na faculdade, mesmo com o jeito tradicional de ensino, vi mais sentido no que eu estava aprendendo e, de fato, internalizei o aprendizado. Não fiquei apenas decorando conteúdo para passar nas provas.

Hoje, trabalho com educação e acredito num modelo diferente do que está presente na maioria das escolas. Meu maior desejo é um modelo de educação no qual o aluno seja visto como parte integral na construção do aprendizado, sem que o professor seja a autoridade máxima dentro da sala de aula."

Marina Oliveira, 28 anos.

Segunda carta: A história de Laura

"Nunca estudei numa escola do tipo convencional. Não consigo me imaginar num colégio com tantas pessoas que ninguém conhece e em que os alunos são números e os funcionários são desconhecidos. Onde eu estudo, os professores estão sempre disponíveis para os alunos, seja para uma dúvida da matéria, seja para um desabafo sobre a vida. Já conversei tanto com professores que sei até o nome e idade de seus filhos, assim como muitos deles sabem muito sobre mim. Nós temos voz naquele espaço, tanto para exigir mudanças quanto para fazer todo o tipo de crítica ao machismo, racismo, homofobia e a todos os outros problemas que possamos imaginar. Como minha coordenadora já me disse algumas vezes, eles estão lá para formar cidadãos, não apenas mais pessoas para o mercado de trabalho.

Quando era mais nova, passava o dia numa escola/fazenda brincando na areia e tirando leite de vaca, isso no meio de São Paulo. O conceito do colégio sempre foi muito humanitário, tudo feito com muita atenção e carinho. Não posso reclamar de crescer pegando jabuticaba do pé e brincando com ótimos amigos, muitos que mantenho até hoje. Desde sempre, tive uma forte ligação com a natureza e com os animais, tanto que acabei aderindo ao veganismo, e devo isso às duas escolas em que estudei.

Quando fiz seis anos, fui para a "escola de gente mais velha", os animais de fazenda foram substituídos por saguis, mas o verde continuou muito presente. Nessa nova escola, que não seguia nada padrões e espalhava seus alunos por salas em meio a uma forte presença da natureza, a ecologia sempre foi muito destacada. Durante o fundamental, tive algumas relações um pouco chatas com alguns professores. Lembro-me de uma professora de Português que "ensinava" gritando e um de matemática que se recusava a tirar minhas dúvidas, afirmando que tudo aquilo era muito fácil (até hoje tenho dificuldade em exatas). Mas acredito que todo mundo já teve algum professor desse tipo. Fora um probleminha ou outro, foi uma época gostosa. Minha sala sempre foi a mais bagunceira e cada vez eu fazia mais amigos. Minha maior preocupação eram as saídas para o shopping no final de semana. A vida real ainda parecia longe.

A entrada no ensino médio foi um choque. O aumento da cobrança e das matérias, somado a conversas sobre vestibular, me levaram ao extremo. Virei noites e noites, chorava diariamente de cansaço e, em meio a isso, a escola decidiu trocar o material que usávamos para um mais "forte". Hoje, eu vejo que na verdade não era tão pesado assim, mas por não ter maturidade para aquela mudança toda, eu fazia ficar pior, o que não diminuía a crise. Após um primeiro semestre caótico, enfim chegaram as férias. Fiz uma viagem sensacional para o Japão e não voltei a mesma. Após essa experiência fantástica, ficou difícil voltar para aquela rotina maçante. Larguei todo o esforço e vi minhas notas baixarem. Para mim, a escola era apenas uma obrigação e eu não suportava aquele lugar, não via propósito algum naquilo tudo.

Felizmente, encontrei um equilíbrio. Com a ajuda dos meus pais e dos meus professores, descobri um interesse por aprender. Comecei a dar valor aos incríveis profissionais que atuavam naquele espaço e estava realmente tentando absorver para a minha vida todo aquele conhecimento. Um dos momentos mais marcantes para mim se passou em uma aula de História. Tivemos duas aulas dessa matéria no mesmo dia, ambas sobre o Holocausto. Na primeira aula, eu chorei devido às imagens mostradas e fiquei muito perturbada com toda aquela crueldade. Na segunda aula, disse ao meu professor o quanto aquilo tinha mexido comigo. Ele começou a chorar, dizendo que ficava agradecido por toda essa maldade me tocar, já que a nossa geração será o exemplo para suas filhas que são bem mais novas. Disse que ainda havia esperanças. São por acontecimentos como este que eu sei que sempre me lembrarei dos professores dessa escola com grande carinho.

E, agora, no segundo semestre do terceiro ano, algumas inscrições de vestibular já foram feitas e outras a caminho, a vida adulta batendo à porta e o receio de perceber que essa fase esplêndida está acabando. Devo tanto a essa escola, não poderia ter pedido um ambiente melhor, ou amigos melhores, ou professores melhores. Sinto-me tão privilegiada de ter tido essa oportunidade. Pode estar quase no fim, mas vai sempre estar marcado. É devido a esse colégio que eu sou quem sou hoje e por isso serei eternamente grata."

Laura Fagundes, 17 anos.

Duas mulheres, dois relatos, duas perspectivas, dois Brasis. E, como afirma Rubem Alves, duas escolas:

"Escolas que são gaiolas existem para que os pássaros desaprendam a arte do voo.
Pássaros engaiolados são pássaros sob controle. Engaiolados, o seu dono pode levá-los para onde quiser. Pássaros engaiolados têm sempre um dono. Deixaram de ser pássaros.
Porque a essência dos pássaros é o voo.
Escolas que são asas, não amam pássaros engaiolados. O que elas amam são os pássaros em voo. Existem para dar aos pássaros coragem para voar. Ensinar o voo, isto elas não podem fazer, porque o voo já nasce dentro dos pássaros. O voo não pode ser ensinado. Só pode ser encorajado."

Rubem Alves

Pergunte aos Universitários

Recentemente, fui convidado para palestrar na Universidade na qual fiz minha graduação (FCA UNESP Botucatu, no interior paulista). Já falei sobre ela aqui no livro. Pois bem. Ouvi diversas perguntas ao chegar para esse bate-papo com os alunos. A primeira, foi de uma querida professora que admiro muito. Ela disse: "O que você trouxe para a palestra? Computador, Power Point, filmes?". Respondi, delicadamente: "Bastam eu e eles (alunos)?". Ela sorriu, educadamente, e me acolheu como de costume. Seguimos para o auditório da UNESP, quase 180 alunos e professores, todos esperando meu Power Point e minhas "dicas" sobre carreira e liderança. Fiz uma breve apresentação (explanação oral sobre quem eu sou), sentei numa cadeira e perguntei quem teria a primeira pergunta.

Para variar, silêncio... Segundos depois, chega a primeira questão. Ela foi feita por um professor: "Como faço para me motivar? Como motivar os alunos? E o que devo fazer quando os alunos dormem?". Pensei, seriam perguntas de um peixe do aquário para um peixe do mar? E respondi a ele: "Não sei como fazer para você se motivar". Devo tê-lo frustrado. Como eu, um palestrante, professor, mestre, não tenho uma resposta para tamanho dilema? Porque acredito que a facilitação está ao lado das perguntas, e não das respostas. E só o professor, em questão, poderia responder à sua própria pergunta. Até porque, muitas vezes, nem eu sei o que me motiva. Como saberia o que motiva os outros?

Para as demais questões, convidei-o para a seguinte reflexão, já descrita neste livro: "Você já perguntou aos seus alunos o que os motiva?". Caso faça essa pergunta, fica um alerta: terá de, muito provavelmente, "bancar" a resposta. Não há problema em não perguntar. Inclusive, falamos neste livro sobre escolhas possíveis, sendo que não há regras duras e caminhos únicos. Porém, se estiver disposto a seguir o caminho da facilitação, vá em frente. Talvez, ela surpreenda e leve à descoberta de que alguns alunos queiram aula, apenas aula, no modelo fordista (escala industrial), nada mais. Métodos, Power Points e produção de conteúdo em série. Talvez outros queiram construir as aulas, ir para debaixo das árvores, fazer roda de conversa, colar *post-its* nas paredes, debater tudo à exaustão. Não importa o caminho. Importa que seja significativo para os participantes. E você, facilitador, professor, educador, fez, então, apenas o simples: criou um ambiente ou condições para que a aprendizagem acontecesse. Este é o jeito ACP para facilitação.

Marcos, durante um curso sobre ACP na Syntese, contou que um dos seus professores da faculdade de Psicologia, no primeiro dia de aula, perguntou para a turma como gostaria que ele ministrasse as aulas. Uma discussão, que durou quase a aula toda, rendeu uma lista de exigências dos alunos. Constavam da lista itens do tipo: não aplicar prova, não marcar faltas e por aí vai. A única contrapartida que o professor colocou para aceitar todas as decisões dos alunos estava descrita no último item da lista: "nenhuma exigência poderá ser alterada até o final do curso". Obviamente, os estudantes, com o passar do tempo, perceberam que suas escolhas tinham consequências e tentaram, sem sucesso, mudar as regras que eles próprios haviam criado. Fizeram um grande esforço para trocar o professor do curso, depois brigaram entre si, discutiram aos montes, até compreenderem, tempos depois, o que significava toda aquela possibilidade. Essa situação evidencia como a ACP, ao facilitar o ambiente para que as pessoas busquem o melhor para si, também concede a elas a responsabilidade pelos seus atos e suas preferências. Foi essa lição que uma amiga, Andrea Piscitelli, me deu no dia em que eu estava aflito depois de ministrar uma aula na FAAP. Assim como o professor da Faculdade de Agronomia, eu também queria saber como evitar que alunos dormissem na minha aula. O que Andrea me disse foi o que repassei ao professor que me perguntou durante a palestra na UNESP: "Você está vendo apenas a foto. Entenda o filme. Você sabe como é a vida desses alunos? Sabe como foi o dia deles?" Para mim, ouvir isso foi um soco no estômago. Por que eu ficava incomodado com os cochilos de poucos alunos? Por que eu era o "culpado" pelo sono deles? Comecei a me libertar dessas amarras. Primeiro, aceitando que a fala da minha amiga fazia muito sentido. E depois, toda vez que eu tinha dúvida, perguntava à classe: "Estou me sentindo angustiado com alguns de vocês dormindo. Há alguma relação com a minha aula? Há algo que eu possa fazer para melhorar?". Fui congruente.

Diálogos Transformadores

Após essa visita a Botucatu, recebi uma mensagem de outro professor, Paulo Arbex, que também assistiu à minha palestra (ele foi meu bixo na faculdade). Atualmente, ele conduz as aulas de Máquinas Agrícolas no segundo ano da faculdade de Agronomia. Ele me escreveu: "Estou completamente fora do eixo. Sempre fiquei pensando como as aulas poderiam ser e, quando vi o jeito com que conduziu sua palestra na UNESP, fiquei pensando que era possível fazer diferente".

Ao ler a mensagem, propus a ele uma conversa sobre educação ACP. Rapidamente, ele e a professora Izabel Takitane organizaram um grupo com dez professores e vieram à Syntese. Esse encontro aconteceu na garagem, um lugar despojado que cria um ambiente no mínimo inusitado, se comparado ao de uma sala de aula tradicional. Como de costume, fiz uma roda. Os participantes se apresentaram e contaram o porquê de estarem ali. Ouvi frases do tipo:

"Os índices do Enade estão baixos, precisamos rever o caminho."

"Essa geração é muito diferente. Querem tudo para ontem. Não sei o que fazer."

"Estou aberto a rever as aulas."

"Os alunos são desinteressados."

"Não deixar que o aluno lhe faça perguntas por julgar que ele não tem conhecimento prévio é a maior prova de que nossa aula é péssima. Nós estamos roubando o tempo do nosso aluno."

"Eu amo a agronomia, está sendo muito prazeroso para mim poder dar aula, mas penso que não está prazeroso para o meu aluno."

"Eu faço as perguntas, não espero deles. Fico muito angustiada, quero arranhar a lousa."

"Nós avaliamos muito o aprendizado com base nas respostas, mas nos esquecemos de que o aprendizado também está nas perguntas."

"Eu preciso ser mais livre."

"Preciso apenas saber começar."

"Será que a evasão escolar não é por causa das nossas aulas?"

Baseado nessas questões, fiz uma breve explanação sobre a ACP. Em seguida, começamos um diálogo sobre como poderia ser um jeito diferente para facilitar as aulas.

Como estudei Agronomia, sei exatamente o que é ser aluno desse curso em Botucatu. As aulas acontecem em uma belíssima e antiga fazenda de café chamada Lajeado. No entanto, todo potencial e atmosfera do local — e que são raros no mundo acadêmico — se perdem, já que os alunos ficam imersos nas salas de aula, ao som de mosquitinhos e teorias dos professores. Quando estudei lá, eu e meus colegas, para fugir das aulas modorrentas (o que não era raro), saíamos em revoada para um barranco gramado, em frente à sala de aula. Aquele momento era carinhosamente apelidado de "Vamos Fazer Fotossíntese".

Voltando à garagem da Syntese, fiz uma proposta aos professores: "Se vocês pudessem construir, neste instante, a aula dos sonhos, onde tudo, absolutamente tudo, fosse possível, o que fariam?". Então, separados em grupos e munidos de *post-its*, canetinhas coloridas, brinquedos e tudo aquilo que quisessem, começamos a atividade. Após 30 minutos, uma turma apresentou para a outra sua aula ideal. E, acreditem, ela era praticamente igual à aula tradicional, tinha até prova no final.

Essa experiência gerou uma grande discussão. Um grupo propunha uma aula sobre fermentação de pães, e o fluxo apresentado sugeria contar aos alunos a história dos pães; depois, selecionar um texto para leitura; em seguida, ensinar sobre o processo; e mais algumas etapas até a avaliação final. Após ouvir e acolher aquela explanação animada, propus uma reflexão para o grupo sobre o aprendizado por meio da emoção. Contei histórias que vivi com a minha querida avó Dorcas, que amava fazer pão. Lembro dela encostada na bancada de uma pia de mármore, com seus braços fortes, misturando docemente os ingredientes, amassando e batendo a massa. Ela preparava os pães e os cobria com um cobertor colorido. Separava uma pequena bolinha daquela massa, colocava num copo d'água e orientava: "Quando a bolinha subir, você avisa a vovó". "Por quê?", perguntava curioso. E ela carinhosamente respondia: "Quando subir, a massa estará pronta para ir ao forno".

A partir daí, começava um ritual. Eu ficava à espreita, ansioso para ver a bolinha flutuar. Muitas vezes, tentava ajudar com a mão. Quando, finalmente, a massa subia, eu saía em disparada para avisar a minha avó. Uma vez que a assadeira estava no forno, era só esperar o aroma invadir a velha casa. Assim que o pão ficava pronto, sentava embaixo da sombra de um jambeiro que havia no quintal. Minha avó cortava cuidadosamente os pedaços do pão que ainda soltavam fumaça, passava manteiga, que derretia lindamente. Depois, era só saborear. Este era o nosso ritual do pão.

Perguntei aos professores quantas histórias com pães poderiam haver na sala de aula e quantos vínculos emocionais poderiam ser estabelecidos, com base nessas conversas. O pão agrega, constrói, une pessoas. Por que não começar uma aula sobre fermentação dos pães por esse caminho? A resposta foi o silêncio. Eu o ouvi contemplativo. Senti um arrepio, como quem toca a alma de alguém.

A seguir, fiz uma pergunta: "Por que não fazer uma aula ao contrário?", algo como colocar o pão sobre a mesa e deixar que os alunos façam perguntas ao pão. Vale tudo. Com base nas perguntas, a aula seria construída. Sem dúvida, esse caminho consideraria um fator chave para o sucesso do processo: a aula nasceria da curiosidade dos participantes e não da vontade ou desejo de uma única pessoa, o professor.

Fiz outra pergunta: "Por que não fazer uma prova às avessas?". A ideia seria entregar respostas e propor aos alunos que estruturassem as perguntas, de forma a avaliar a qualidade das perguntas. Novamente, silêncio e alguns sorrisos nervosos. Ao término, ouvi de cada um o depoimento carregado de vontade de rever o jeito de lidar com as aulas, trocando, aos poucos, controle por liberdade.

Alguns poucos dias depois dessa experiência com o grupo, recebi uma mensagem do professor Paulo Arbex que reproduzo na íntegra:

"Cara, você não acredita no que fiz na aula hoje! O mesmo esquema que construímos na garagem para falar sobre o ensino. Em vez de virar para o quadro e começar a passar a matéria, fiz diferente. Comecei com as seguintes perguntas: Quais problemas temos nas aulas de Agronomia? E qual seria a aula ideal para vocês? Eles falaram um monte, tudo aquilo que sentiam. Fui escrevendo na lousa. Foi *show*! Ficavam eufóricos quando viam suas frases sendo escritas no quadro. E acabei com a mesma pergunta que você fez para nós, ao término do encontro na Syntese. O que tem de impossível nessa aula ideal? Nada!".

O professor Arbex enviou a foto da lousa construída nessa aula e, acredite, os pedidos são os mesmos dos alunos dos ensinos básico, médio e fundamental. Veja alguns deles: queremos aulas práticas; menos conteúdo; estágios; outras práticas pedagógicas; horário flexível; outras formas de avaliação.

Perguntei ao Arbex o que pretende fazer com essas descobertas e ele respondeu: "Levarei à congregação da faculdade (uma espécie de conselho de professores e direção) para discussão. Também mudarei minhas aulas. Começará comigo a mudança".

> **"Meus pés deslizam na água**
> **Adoro seu vai e vem**
> **A água faz só o que quer**
> **Não liga pra mais ninguém**
> **A vila me acha louca**
> **Diz que eu sonho até demais**
> **Mas quem sabe ser feliz**
> **Não volta atrás"**

Seu Lugar, música do filme
MOANA, Disney.

Desde os Primórdios até Hoje em Dia

"Nossas escolas são construídas segundo o modelo das linhas de montagem. Escolas são fábricas organizadas para a produção de unidades biopsicológicas móveis portadoras de conhecimentos e habilidades. Esses conhecimentos e habilidades são definidos exteriormente por agências governamentais a que se conferiu autoridade para isso. Os modelos estabelecidos por tais agências são obrigatórios e têm a força de leis. Unidades biopsicológicas móveis que, ao final do processo, não estejam de acordo com tais modelos são descartadas. É a sua igualdade que atesta a qualidade do processo. Não havendo passado o teste de qualidade-igualdade, elas não recebem os certificados de excelência ISO-12.000, vulgarmente denominados diplomas. As unidades biopsicológicas móveis são aquilo que vulgarmente recebe o nome de 'alunos'".

Rubem Alves

Os aquários escolares fazem parte das famílias desde sempre. Peixes sempre ensinaram peixes. Mas esses aquários — escolas tradicionais de ensino — tiveram sua origem no século XVIII, a partir do Iluminismo. O objetivo principal era universalizar o acesso das pessoas ao conhecimento. Tempos depois, já no século XIX, na Inglaterra, iniciava-se a Revolução Industrial. Ela atravessa o Oceano Atlântico após alguns anos, desembarcando nas terras do Tio Sam. O reflexo disso foi um ciclo de transformações nos meios de produção, nas relações de trabalho e modo de viver. Junto com essa onda, as águas se agitaram. E é no meio do movimento das marés, em 1914, que um big fish norte-americano chamado Henry Ford revolucionou o mercado automobilístico e industrial da época, criando um modelo de produção em massa de produtos, que ganhou o nome de Fordismo.

A forma mais característica de produção em série criada por Ford é a linha de montagem, que introduz a produção padronizada, em série e em massa. Nesse período, o trabalhador era o sujeito desqualificado que desenvolvia uma função mecânica, sem nenhuma exigência intelectual. Pensar era para os especialistas, engenheiros.

As pessoas começaram a viver numa nova ordem econômica e social. O mundo passava por um amplo processo de transformação, exigindo um novo jeito de educar, capaz de introduzir o ensino técnico e profissional que garantisse qualificação para aqueles que atuariam a favor do crescimento da indústria.

Todo esse movimento começou há mais de um século, tendo acontecido um upgrade do aquário escolar na Revolução Industrial. Contudo, talvez este tenha sido o último salto considerável na educação. Não digo aqui que o salto foi bom ou ruim. Mas, sim, que ele representou um alinhamento do modelo ao sistema vigente à época.

Se pudéssemos trazer um professor da época das indústrias de Henry Ford para uma escola hoje, numa espécie de viagem do tempo, ele encontraria coisas muito parecidas com sua vida acadêmica no início do século passado. Quadro negro e giz, alunos sentadinhos e enfileirados, ouvindo, apenas ouvindo o grande e sábio peixe. Provavelmente, ele veria a separação dos alunos em séries e temas denominados disciplinas, sem falar na assustadora grade curricular.

Ele poderia dar aula normalmente, já que, aparentemente, tudo permaneceu igual. Imagino que num bate-papo rápido com esse professor do passado ouviríamos coisas do tipo: "esses alunos são difíceis", "não estão interessados", "ah, no meu tempo eles eram ótimos". Acredito que ele repetiria a mesma aula, do mesmo jeito, e optaria por reclamar dos alunos e da Escola, em vez de rever sua própria postura.

Esses professores que viajaram no tempo ficaram por aqui e acabaram se reproduzindo. Hoje, ainda vivem em cardumes. Eu os vejo todos os dias por aí, em escolas, universidades e dando treinamentos por consultorias. Alguns ainda idolatram o grande Mr. Henry Ford. Afinal, é preferível controlar e "injetar conhecimento", garantindo a tranquilidade da escola, no modelo fordista, do que convidar os participantes a pensar, colocando-se no papel de facilitador que "apenas" cria condições para que os alunos cresçam e encontrem o que, de fato, seja melhor para eles, na concepção deles. Trocar controle por liberdade não é tarefa fácil para as escolas e professores. Isso porque a maioria ainda acredita que se os estudantes não forem treinados a lidar com métodos tradicionais, terão dificuldades em serem aprovados em vestibulares e concursos, que ainda utilizam os métodos da avaliação por notas. Muitos pais ainda creem nisso, constantemente escuto esta fala: "Sei que para o meu filho a escola é chata, mas ele TEM de entrar numa boa faculdade para ser alguém! Então terá de passar por isso". Portanto, é muito difícil pensar em mudar o sistema de aprendizagem sem mudar os métodos de avaliação e seleção do sistema como um todo.

Em uma antiga entrevista, o mestre Rubem Alves disse: "Por que não trocamos o vestibular por sorteio? Acabaria com essa neurose das escolas e essa régua absurda do vestibular (ou ENEM) e, provavelmente, a liberdade para aprender ganharia força". Uma boa provocação para refletir.

Provas que Não Provam

Detesto prova. Na minha visão, prova não prova nada. Mas, penso isso também porque qual o resultado efetivo de uma prova?

Traumatizar? Criar pânico? Mostrar quem manda? Pode ser. Mas também poderia servir para personalizar a educação. Ou seja, se algum aluno, por alguma razão, tirou nota 3,0, outro 5,0 e outro 10, no dia seguinte, a aula deveria ser diferente para cada um deles, porque provavelmente eles tenham tido uma compreensão diferente do conteúdo.

A palavra conteúdo já coloca outra interrogação na minha cabeça. Porque na minha visão o foco está no aprender a aprender e não no conteúdo. Até porque os conteúdos estão hoje por todas as partes: Google, YouTube, WhatsApp, *sites*, etc.

Mas, voltando para o tema prova, outro dia, conversando com um colega educador, ele me disse que estava querendo repensar o modelo das provas. Daí eu fiz uma respeitosa provocação: "Você já pensou em fazer uma prova em que o que vale são as perguntas? Ou seja, você avaliaria junto com os alunos a qualidade das perguntas feitas, talvez até criassem um *ranking*, ou algo do tipo (já que a nota ainda é uma exigência). Mas, o mais importante seria inverter ou até mesmo subverter".
Fiquei imaginando o impacto dessa educação na vida futura dos alunos. Afinal, o que move o mundo? Respostas ou perguntas?

Até hoje não sei o que aconteceu. Ele disse que pensaria no assunto... Nunca mais nos vimos.

Outra questão importante sobre a prova é a seguinte: qual atividade profissional é feita sem a consulta de nada e/ou ninguém? Normalmente, consultamos o Google, YouTube, colegas etc. Se a vida é assim, por que a prova é dissociada da vida?

Desde quando fazer prova é garantia de aprendizagem?

E, para não ficar sem uma ideia para essa questão, quais outras estratégias o profissional da educação pode utilizar para mensurar a aprendizagem?

VUCA e BANI

> “Se vivemos em um mundo complexo e interligado, e novas informações nos fazem, a toda hora, mudar de planos, por que a escola ainda teima em ensinar certezas e conhecimentos que parecem únicos e absolutos?”
>
> *Edgar Morin*

A sigla VUCA é um termo em inglês que é utilizada para descrever a volatilidade (*volatility*), a incerteza (*uncertainty*), a complexidade (*complexity*) e a ambiguidade (*ambiguity*) de um mundo que muda em velocidade muito acelerada e com destino incerto, proporcionando várias respostas para uma mesma questão.

Já **Mundo BANI** (*Brittle* - Frágil, *Anxious* - Ansioso, *Nonlinear* - Não linear, *Incomprehensible* - Incompreensível) foi criado pelo antropólogo Jamais Cascio, e é considerado a evolução natural do **mundo** VUCA, pois reflete a realidade das sociedades após o início da pandemia. Muito popular na área dos negócios, o **Mundo** VUCA foi criado nos anos 80, durante a Guerra Fria.

Pois bem, recentemente, visitei uma grande companhia do setor agrícola e fui questionado sobre a facilitação. A pergunta era mais ou menos assim: “Ontem, uma grande universidade esteve aqui e nos apresentou sua ideia para o desenvolvimento de líderes. Era um conteúdo rico — todo apostilado. Agora, você vem até aqui e diz que quer construir conosco, sem ao menos nos apresentar uma apostila. Isso é possível?”.

Respirei lentamente, organizei minha mente e respondi educadamente: "Reconheço o valor da educação acadêmica, das suas apostilas e dos autores. Fui formado por ela, e independentemente das minhas críticas ao sistema, sou fruto dele. Isso não significa concordar, apenas aceitar (como dizia Carl Rogers, na aceitação Incondicional Positiva). Contudo, para uma indústria que tem a nobre ambição de ser uma líder global nos próximos anos, creio que não será o modelo educacional industrial que ajudará a empresa a chegar lá. No mundo BANI a educação é outra. A educação deve respeitar o saber coletivo. Porém, não sugiro ruptura, isso pode ser danoso, sugiro transição — quase um *blend*. Talvez este possa ser o melhor caminho".
O diretor então retrucou sorridente: "Você é corajoso! Gostei!".

Educação e Imediatismo Não Combinam

Zygmunt Bauman foi sociólogo, pensador, professor e escritor polonês, uma das vozes mais críticas da sociedade contemporânea. Criou a expressão "Modernidade Líquida" para classificar a fluidez do mundo onde os indivíduos não possuem mais padrão de referência. Ele faz uma análise importante sobre a situação atual da educação. Na minha visão, a perspectiva apresentada por ele também está relacionada aos desejos e anseios de algumas empresas e RHs. Ele afirma: "Gosto de me referir a um ditado chinês da época de Confúcio. Ele diz que, se você planeja para um ano, semeie milho. Se planejar para dez anos, plante uma árvore. Se planejar para 100 anos, eduque as pessoas. É disso que estamos nos esquecendo hoje". E continua: "Nosso sistema educacional atual é uma das vítimas da cultura do imediatismo. Educação e imediatismo são termos contraditórios. Não se pode ter os dois. Ou tem-se uma educação de qualidade, ou tem-se o imediatismo. Não dá para ter os dois ao mesmo tempo. E este é um problema terrível".

Contextualizar e Integrar

Muitos aquários escolares, para a sorte dos seus habitantes, criaram conectores com outros aquários. A *Internet* assume a função das tubulações de vidro que permitem aos professores, direção e alunos "explorarem" outros ambientes, conhecerem novas práticas e voltarem melhores para seus aquários de origem. Por meio da *Internet*, as escolas podem conhecer práticas educativas transformadoras na Finlândia, na Suécia, na Espanha, em Portugal ou na África do Sul. Essa troca ajuda os alunos a expandirem suas janelas para o mundo e ampliarem perspectivas. A rede global de computadores leva os peixes para um oceano de possibilidades, rompe as grades e coloca abaixo a pobre régua dos vestibulares e ENEMs. Ela apresenta aos peixes, nas diferentes hierarquias, a possibilidade de uma educação plena, em que o indivíduo se educa para o mundo e transforma esse mundo a partir de si.

Há um antropólogo, sociólogo e filósofo francês, chamado Edgar Morin, o qual admiro muito e que ajuda a organizar e dar forma às questões que trago acima. Segundo Morin, "devemos, pois, pensar o problema do ensino, considerando, por um lado, os efeitos cada vez mais graves da compartimentação dos saberes e da incapacidade de articulá-los uns aos outros; por outro lado, considerando que a aptidão para contextualizar e integrar é uma qualidade fundamental da mente humana que precisa ser desenvolvida, e não atrofiada".

Uma Ponte para a Autonomia: Projeto Âncora

> **"É necessário instituir novas e autônomas formas de organização das escolas."**
>
> *José Pacheco*

Antes de apresentar o projeto Âncora, vale a pena fazer uma breve apresentação da portuguesa Escola da Ponte que inspirou esse projeto. A Ponte não segue um sistema baseado em seriação ou ciclos e seus professores não são responsáveis por uma disciplina ou por uma turma específicas. Entre as crianças e os adolescentes que lá estudam, muitos eram considerados violentos, desacreditados e foram transferidos de outras instituições. São os estudantes que definem quais são suas áreas de interesse e desenvolvem projetos de pesquisa, tanto em grupo como individuais. Os alunos podem recorrer a qualquer professor para solicitar suas respostas. Se eles não conseguem responder, os encaminham a um especialista.

O professor José Pacheco explica sobre como funciona a organização das aulas na Ponte. "Não há salas de aula, e sim lugares onde cada aluno procura pessoas, ferramentas e soluções, testa seus conhecimentos e convive com os outros. São os espaços educativos. Hoje, eles estão designados por área. Na humanística, por exemplo, estuda-se História e Geografia; no pavilhão das ciências, fica o material sobre Matemática; e o central abriga a Educação Artística e a Tecnológica".

Em 2016, fui ao Projeto Âncora, uma associação Civil de Assistência Social, de natureza beneficente, filantrópica e cultural, de fins não econômicos e não lucrativos. Uma escola brasileira inspirada na Ponte e que tem como um dos seus mentores o professor Pacheco. O propósito do projeto, criado em 1995 e localizado em um espaço de 11 mil metros quadrados, é "desenvolver cidadãos conscientes de suas capacidades para construir coletivamente uma sociedade justa, equilibrada e sustentável".

A estrutura conta com quadras de esportes, refeitórios, pista de *skate*, picadeiro, jardins e uma biblioteca com mais de dez mil livros. Fundado pelo empresário Walter Steurer, o projeto é mantido pela iniciativa privada, com a colaboração de empresas, fundações e demais doadores.

Quando os visitei, em Cotia (SP), fiquei maravilhado com o jeito dos alunos e professores. Fui apresentado ao projeto pelos alunos, são crianças de todas as idades que se voluntariam para contar um pouco das práticas educativas desse lindo e arborizado local. Eloquentes e fazendo uso absolutamente correto da Língua Portuguesa, pulavam e contavam um pouco sobre os tutores, o modelo que privilegia o interesse nos temas e a exploração do assunto escolhido em grupo. No Âncora, alunos de seis a dez anos estudam juntos.

Um fato inusitado aconteceu enquanto eu aguardava os alunos para a visita. Um grupo de meninos me cercou brevemente, e um deles perguntou: "Moço, qual a raiz quadrada de 64?". Prontamente respondi: "oito!". Eles saíram felizes, como se tivessem vencido alguma aposta. Fiquei agoniado pensando: "Estraguei tudo! Dei uma resposta!". Pura bobeira, fui espontâneo.

Talvez, naquele instante, eu tenha ficado angustiado porque quando os alunos do Âncora precisam de ajuda, recorrem aos tutores, que "apenas" orientam e fazem mais perguntas para as crianças. Assim, um ciclo de curiosidade, liberdade e responsabilidade se forma. Na escola, os alunos são colocados em contato com diferentes atividades: música, informática, esportes, circo, artes e culinária.

É incrível ver gente amando estudar. Ficou a imagem de um lugar lindo e inspirador, com educadores que cumprem o seu nobre papel de criar "Espantos", como dizia o mestre Rubem Alves. Uma escola de espantos é uma escola que ensina a pensar. Criar a alegria de pensar é o objetivo da educação, segundo Rubem Alves. Vi no olhar daquelas crianças a curiosidade em aprender e a possibilidade de uma vida melhor, para cada uma delas e suas famílias.

Para se matricular no Âncora, é necessário cumprir algumas exigências, como morar em um raio de até três quilômetros de distância da escola e ter renda familiar de até três salários mínimos – não há custo algum para os pais.

O projeto Âncora é um respiro de esperança e boas histórias no aquário escolar. Vale a visita. Eles recebem interessados em conhecer o projeto.

Para quem quiser saber mais sobre o Projeto Âncora, visite o *site* www.projetoancora.org.br

"Autonomia, do ponto de vista cognitivo, é pensar por si mesmo. Do moral, é atuar de acordo com princípios gerais, que sirvam para todos. Para que isso ocorra, é preciso haver incentivo. Hoje não são dadas responsabilidades a eles, mas todos precisam observar as consequências — para eles e para outras pessoas — de algo errado que fazem. O objetivo, do ponto de vista da Educação moral, é interiorizar regras e normas, que não são cumpridas por castigo, mas porque a consciência diz que facilitam as relações entre diferentes indivíduos. Todos necessitam compreender que a função das regras não é limitar, impedir, castrar e castigar, mas regular as relações entre os indivíduos e estabelecer modelos que facilitam a vida em sociedade."

Juan Delval, Catedrático de Psicologia Evolutiva e de Educação na Universidade Autônoma de Madri

Escola da Serra

"A escola não existe para educar a cabeça, mas sim um ser humano em todas as suas dimensões."

Sérgio Godinho

Em novembro de 2019, fui visitar a Escola da Serra. Essa escola particular existe desde 1991, e ocupa o prédio do antigo convento dos Dominicanos, na Rua do Ouro n.º 1900, bairro Serra, Belo Horizonte. Dispõe de uma estrutura física privilegiada. São 2.000 m^2 de área livre e arborizada, com dois amplos pátios (um deles específico para a Educação Infantil, com tanque de areia, *playground,* casinha de brincar). Existem cinco grandes salões para os estudos, um laboratório, um auditório, uma quadra coberta e uma descoberta para a prática de esportes, além de outros ambientes.

Foi por volta de 2005, quando a escola quase fechou suas portas, que uma grande mudança começou. Um grupo de pais abraçou a escola para que ela não fechasse e depois apoiou o Sr. Sérgio Godinho a assumir e comprar a Escola da Serra. Desde então, começou um processo de profunda transformação, muito inspirado na escola da Ponte.

Godinho escreveu o projeto pedagógico, mas entendeu a necessidade de validá-lo junto à comunidade. Assim convidou as famílias, professores, funcionários etc. a formarem grupos de discussões que, entre tantas questões, respondiam a coisas do tipo: "Qual a escola dos seus sonhos?". "Qual a Escola da Serra dos seus sonhos?". Foi daí que começou uma grande mudança, que se atualiza e se renova ano após ano — sempre com toda a comunidade.

A proposta pedagógica está ancorada numa estrutura de ciclos — a educação infantil é composta por um ciclo sensório-motor e o seguinte soma a este o conhecimento de mundo por meio das pesquisas. A partir daí, serão mais três ciclos no ensino fundamental e outro ciclo no médio. Cada ciclo representa três anos — assim, o primeiro ciclo, por exemplo, é composto por alunos do primeiro, segundo e terceiro ano do fundamental I, e assim sucessivamente até o médio. Para cada ciclo, o aluno terá contato com todo o conteúdo disponível nesse momento da aprendizagem. O estudante com o professor determinam o tempo, o roteiro e a definição do seu caminho. O professor é um tutor que apoia o aluno, caso ele não resolva suas questões dentro do grupo de colegas. Há também um tutor que frequentemente se reúne individualmente com o(a) aluno(a), e muitas vezes essa reunião também envolve a família. Juntos, analisam e tomam decisões sobre aquilo que tem sido bom, e o que necessita de maior esforço do estudante.

Os alunos não têm aula expositiva e aprendem por si, devendo cumprir suas metas de aprendizagem de acordo com o combinado. Godinho disse-me: "o primeiro passo para começar uma escola como esta é acabar com as aulas. Elas são uma camisa de força! A aula tradicional impede o professor de lidar com as individualidades". E continuou, "Na escola tradicional, o(a) aluno(a) estuda para o professor, e não para atender às suas reais necessidades".

A Escola da Serra não tem salas de aula, possui grandes ambientes de aprendizagem — salões que comportam cerca de 96 alunos, e esses salões têm também à disposição dos alunos livros e *tablets* com acesso à *internet* — eles acessam esse material sempre que necessitam, tudo isso LIVREMENTE. A escola tem salões divididos em seis áreas de conhecimento: linguagens, artes, ciências naturais, matemática, ciências humanas e sociais, corpo e mente. A avaliação dos alunos é diária e integral, observando não apenas os aspectos cognitivos, mas afetivos e sociais. Segundo Godinho, todo mundo acaba os ciclos com 100% das suas metas atingidas, ou seja, "nossa média aqui é 10!", disse Godinho.

Perguntei para um aluno do último ano do ciclo médio, chamado Tomás, qual principal competência levaria dessa escola para a sua vida. E ele me disse: "Autonomia. Aprendi a ir atrás daquilo que realmente importa, na minha escola anterior — tradicional —, me davam tudo e eu não valorizava porque não entendia a razão daquele conteúdo. Já aqui, tive de fazer meu caminho, e ninguém me deu nada, eu tive de ir atrás do meu conhecimento".

Durante a conversa com Godinho, também questionei sobre os princípios da escola, e ele contou entusiasmado, com um brilho no olhar daqueles que estão mudando a história da educação e de vidas de centenas de crianças, jovens e famílias: "Nossos princípios são: protagonismo — o processo de aprendizagem é do estudante; confiança e respeito — as salas dos professores não têm porta, e por uma razão simples, se houver respeito naquilo que é dito ali sobre os alunos, não há razão de existir portas; a educação é significativa; o ambiente é colorido e alegre; a escola é um espaço de liberdade; autonomia". E, obviamente, um professor tutor dessa escola também é contratado por esses princípios. "A competência técnica não é decisiva na contratação", afirma Godinho.

A Escola da Serra está sendo apoiada pela *startup* Agaton de São Paulo num processo de organização do seu modelo de negócios. Essa organização e método apoiarão a polinização do modelo Escola da Serra para outras escolas, respeitando a cultura local e adequando o modelo ao cenário dessas escolas que serão polinizadas por essa maravilhosa ideia — isso já está começando numa escola pública no interior de Minas.

Não tenho dúvidas de que esse modelo também apoiaria empresas numa transformação educacional que, de fato, colocaria seus(uas) funcionários(as) no centro do processo de aprendizagem, tornando-a significativa e favorecendo a autonomia e o protagonismo das pessoas, não por modismo, mas pelos alicerces de uma mudança cultural.

+ Detalhes sobre a Escola da Serra: https://www.escoladaserra.com.br/

> “Estudar não é um ato
> de consumir ideias,
> mas de criá-las e recriá-las.”
>
> *Paulo Freire*

Dica: No canal da Syntesedh no YouTube temos o programa n.º1, *Educação: do Infantil ao Corporativo - Uma Conversa com Sérgio Godinho, Diretor Escola da Serra.*

Criando Asas

> “A criança não é um futuro homem,
> uma futura mulher ou um futuro cidadão.
> Ela é uma pessoa titular de direitos,
> com uma maneira própria de pensar
> e de ver o mundo. A escola deve propor,
> desde a educação infantil, as experiências
> sobre as quais será possível fundamentar
> seus saberes, seus conhecimentos
> e suas habilidades.”
>
> *Francesco Tonucci*

Recentemente (2019), fui convidado a participar como sócio conselheiro de uma escola de educação infantil e Fundamental I chamada Colégio Criando Asas, em Birigui, São Paulo, uma experiência incrível que preencheu minha vida por um ano.

Fiz algumas visitas ao belíssimo e moderno prédio que ocupa parte de uma área de cinco mil metros quadrados. O local é repleto de natureza, com ipês amarelos, que encantam a todos. As salas de aula são amplas, arejadas e muito iluminadas. A arquitetura do colégio foi projetada para captação de água de chuva e geração de energia solar, mostrando uma preocupação ambiental importante no cenário atual.

A escola assina como Aprendendo para autonomia com responsabilidade — o que conecta profundamente com os meus valores e crenças sobre Educação. Viver uma educação que favoreça a autonomia é dar espaço para o lúdico, a criatividade, os desejos e interesses de cada um que ali trabalha e estuda. É crer no potencial de cada pessoa, entendendo-as como seres inacabados, em movimento. Quando esse valor está associado à responsabilidade, potencializa a autonomia, visto que não é um ambiente que vale tudo, sem regras ou cuidados. Exige de todos — direção, professores, funcionários e estudantes — um novo jeito de pensar, sentir e agir.

Arrisco dizer que o sucesso dessa escola, ou qualquer outra, seja construir uma educação pela perspectiva da criança e do adolescente. Quando nossas lentes de adultos tornam-se soberanas nas decisões, sufocando a vontade deles, seguimos numa educação bancária, termo proposto por Paulo Freire, que pressupõe uma relação vertical entre o educador e o educando. O educador é o sujeito que detém o conhecimento, pensa e prescreve, enquanto o educando é o objeto que recebe o conhecimento. O educador "bancário" faz "depósitos" nos educandos, e estes passivamente os recebe.

Não há dúvidas de que o desafio é imenso, e exige um exercício de confiança diário, partindo de cada indivíduo e não de uma força superior.

"Todos nascemos na condição humana. Ser gente é ser diferente, pois ainda que na condição humana, cada ser — ao longo da vida — está imerso em um contexto, passa por situação e experiências que o faz ser gente. Diante da impossibilidade de todos passarem exatamente pelos mesmos processos, o se fazer gente é diverso, é diferente. Portanto, cada um tem sua própria maneira de aprender! E por isso a aprendizagem é um processo individual e intransferível."

Trecho do projeto pedagógico do Colégio Criando Asas.

Quero contar, a seguir, dois momentos que vivi com os professores e crianças da escola Criando Asas.

Meios de Transporte

Conversando com as professoras, uma delas muito carinhosamente contou-me sobre uma aula em que pedia aos alunos imagens, símbolos e referências para meios de transporte. Entre tantas coisas que ouviu e viu das crianças animadas, havia o desenho de um dinossauro como veículo. Ela prontamente disse que aquele instinto animal não era um transporte... vou parar a história por aqui, para algumas reflexões sem a pretensão de saber a resposta.

O que é meio de transporte para um adulto? E para uma criança de quatro anos, o que é? Quais foram seus meios de transporte quando você era criança? Por qual lente que a professora "ensinou" a criança? E, por qual lente a criança construiu seu aprendizado? Quem estava certo e errado? Por quais pontos de vista elas estavam certas e erradas? Como a empatia proposta por Rogers pode nos apoiar numa situação como esta?

Contos Africanos

Vivi outra experiência impactante com as crianças e professores do Criando Asas. Fui convidado por uma professora para conversar com os pequenos — quatro a seis anos — sobre a África. Não pensei nem um segundo e já havia topado o convite.

Na hora combinada, entrei na sala, e disse para as crianças que eu me sentaria no chão, e que eles poderiam sentar onde quisessem. No mesmo segundo estavam todas no chão, cheias de vitalidade e ávidas por entender o que e quem era aquele homem de 1,91 m, pernas longas e cabelos grisalhos.

Começou uma sessão de perguntas, mágicas e brincadeiras. Puxavam minha cabeça, braços.... e sentaram no meu colo buscando o olhar atento e serem ouvidos. Era aparentemente um cenário caótico. O mais incrível é que, aos poucos, as crianças, por elas mesmas, foram se sentando, acalmando, organizando e, por fim, dispersando no momento que não havia mais o novo ou que algo havia surgido como sendo mais significativo para cada uma delas.

Nos instantes que conversamos sobre o continente africano, brincamos sobre a beleza das cores e a importância da diversidade — tudo isso intuitivamente. Pedi que alinhassem os braços por cores, e depois perguntei se era legal separado ou misturado. E a resposta foi única: "MISTURADOS!". Falamos sobre Mandela e as 11 línguas oficiais da África do Sul.

Esse momento mudou minha vida para sempre! Fortaleceu ainda mais a minha crença sobre a fluidez do processo de aprendizagem —quando há confiança, tudo acontece — ao seu ritmo, tempo e maneira. Já o professor (facilitador) "apenas" apoia, tutora e coloca-se como um importante recurso. Focado na aprendizagem, e não no conteúdo.

Saí dessa roda pensando em diversas questões. Estas são algumas delas:

- O que aconteceu com a minha criança?
- Quando e por quais razões passei a acreditar nas "verdades" dos adultos que me educaram? O que ainda serve? Que roupa não me serve mais?
- O que posso aprender com meus peixinhos? Como posso ser uma apoio para eles — cuidando para que minhas crenças não os sufoquem?

Fiquei durante apenas um ano como sócio conselheiro da escola. Foi ao longo do primeiro ano da pandemia. Nessa jornada, participei da construção coletiva do projeto pedagógico da escola, conheci pessoas incríveis e um projeto de educação alinhado com o mundo complexo. Por uma decisão pessoal saí da escola, mas ela nunca saiu de mim.

> **"A qualidade da educação é sinônimo de aprendizagem (...) Por isso, o direito à educação não se reduz ao direito de estar matriculado na escola. É direito de aprender na escola."**
>
> *Moacir Gadotti, 2006*

Nota Importante:

Desde janeiro de 2020, o Colégio Criando Asas tornou-se a primeira Escola a compor um ousado projeto, encabeçado pela mineira Escola da Serra. Esse projeto tem entre tantas frentes "apoiar a criação de 50 escolas inspiradas no modelo da Serra" (não são clones, pois respeita a cultura local). E, entre tantas ambições desse projeto está a vontade do Criando Asas de ser reconhecida, assim como a Escola irmã em Belo Horizonte já o é, como uma das escolas mais inovadoras, não apenas no Brasil, mas do mundo.

Dica: No canal da Syntesedh no YouTube temos o programa *Educação: do Infantil ao Corporativo: (Temp 3/Ep 3): Maristela Gomes, Diretora Pedagógica do Colégio Criando Asas.*

O Conceito de Equilibração

Entre tantas referências utilizadas pelo Colégio Criando Asas no seu projeto pedagógico, está o biólogo Jean Piaget (1896–1980). Sem dúvida, foi o nome mais influente no campo da educação durante a segunda metade do século XX, a ponto de quase se tornar sinônimo de pedagogia. Não existe, entretanto, um método Piaget, como ele próprio gostava de frisar. Ele nunca atuou como pedagogo. Piaget dedicou a vida a submeter à observação científica rigorosa o processo de aquisição de conhecimento pelo ser humano, particularmente a criança.

E, foi fundamentado nessa observação e influência das teorias evolutivas da biologia que o cientista suíço demonstrou que a capacidade de conhecer não é inata e nem resultado direto da experiência. Ela é construída pelo indivíduo à medida que a interação com o meio o desequilibra — ou seja, o desafia —, exigindo novas adaptações que possibilitam reequilibrar-se, numa caminhada de renovação e evolução.

Considera-se que todo indivíduo, desde o nascimento, constrói seu conhecimento com base em estruturas de pensamento que vão se ampliando e dando origem a conhecimentos cada vez mais elaborados, facilitando a participação/intervenção do sujeito em seu meio, construindo infinitamente suas estruturas cognitivas em busca de uma melhor adaptação ao meio. Piaget nomeou esse processo como equilibração.

Para Piaget, a aprendizagem é consequência do desenvolvimento. Assim, o desenvolvimento vai além do crescimento intelectual. No entanto, ele não ocorre de maneira isolada, mas no convívio social, na interação do sujeito com outros indivíduos, com a realidade, com o meio. E o processo de equilibração é a mola propulsora desse desenvolvimento.

O Conceito de Equilibração no Ambiente de Aprendizagem

Apesar de não ter sido concebido num ambiente escolar, o conceito de equilibração ecoa diretamente na sala de aula. Juan Delval, aluno de Piaget e professor da Universidade Autônoma de Madri, na Espanha, explica numa entrevista dada à *Revista Nova Escola*, em 2009, dois pensamentos essenciais à perspectiva da potência de cada pessoa e ao caminho para uma aprendizagem significativa: "A aprendizagem depende dos conhecimentos anteriores de cada um e de suas experiências. Para ampliá-la, além de propor situações que desestabilizem os conhecimentos estabelecidos, é preciso que eles se sintam motivados a realizar um esforço cognitivo para superar o problema", diz. E continua: "O ideal é primeiro apresentar o problema e, depois, formas de chegar à solução. Muitas vezes, a escola faz exatamente o contrário: dá soluções para coisas que ainda não representam um problema na cabeça dos estudantes. Daí a importância de trabalhar com base no pensamento deles. Sabendo como aprendem, o professor pode levar em conta as dificuldades que encontram".

O conceito de equilibração também provoca reflexões sobre as formas de ensino mais efetivas, que possibilitem a todos avançar. Dificilmente um aluno compreenderá que a Terra é redonda apenas porque ouviu a professora falar que o planeta se parece como uma laranja (na verdade, se divulgada isoladamente, a informação pode até entrar em conflito com a experiência intuitiva de que o planeta é plano, ou levantar questionamentos sobre por que as pessoas na parte de baixo do globo não caem). Ele pode até decorar a informação, mas ela não será significativa. Para que todos possam avançar, é necessário a criação de situações-problema que levem os estudantes a investigar, discutir, refletir, levantar questões e formular hipóteses, assumindo uma postura ativa em seu desenvolvimento.

Nessa perspectiva trazida por Piaget, a pergunta que fica é: para adultos, é a mesma perspectiva? Qual é o papel do(a) facilitador(a) nesse contexto?

"Em uma perspectiva da equilibração, deve-se procurar nos desequilíbrios uma das fontes de progresso no desenvolvimento dos conhecimentos, pois só os desequilíbrios obrigam um sujeito a ultrapassar seu estado atual e procurar seja o que for em direções novas."

Jean Piaget, no livro O Desenvolvimento do Pensamento

Professor Braz Nogueira

> **"O professor é aquele que oferece recursos para que o aluno aprenda com tudo, com todos, em todos os lugares e sempre."**
>
> *Braz Nogueira*

Recentemente, fui ao TEDx São Paulo e assisti a inúmeras palestras sobre educação, inclusive a de Braz Nogueira. Ele foi professor de escola pública por 19 anos, diretor da EMEF Presidente Campos Salles, na favela de Heliópolis, por mais de 20 anos. Nessa escola, quando Braz assumiu seu cargo, o cenário era de guerra, tráfico de drogas, assassinatos, toque de recolher. Era uma escola cercada e que lembrava um presídio. Inspirado no projeto português da Escola da Ponte, o diretor começou um movimento com o apoio dos professores. As salas de aula foram transformadas em quatro grandes salões, com até 80 alunos separados em grupos de quatro pessoas. Para apoiá-los, havia três educadores. Esses professores entravam em cena quando eram chamados pelos alunos e tinham o papel de apoiar, não de responder. Eles se colocavam ao lado das perguntas.

Segundo o IDEB (Índice de Desenvolvimento da Educação Básica), essa escola está abaixo daquilo que muitos pais exigem, mas o professor Nogueira afirma, categoricamente: "O IDEB não mede autonomia, solidariedade e responsabilidade". Oficialmente, o IDEB é calculado de dois componentes: a taxa de rendimento escolar (aprovação) e as médias de desempenho nos exames aplicados pelo Inep (Instituto Nacional de Estudos e Pesquisas Educacionais Anísio Teixeira).

Nogueira segue sua trilha favorecendo a construção de um ambiente de ajuda, facilitando a cooperação, a criatividade e a formação de um ser humano integral.

Uma Roda com Braz Nogueira

> **"A educação é o caminho que nós temos para fazer justiça."**
>
> *Braz Nogueira.*

Entre a primeira e a segunda edição deste livro tive um encontro com o professor Braz Nogueira. Foi numa roda de conversa na Syntese. Ele respondeu algumas a perguntas, e farei um resumo abaixo:

O que significa Paulo Freire para você?
Braz Nogueira: Outro dia ouvi que a EMEF Pres. Campos Salles é uma escola freiriana, e isso me deixa feliz. Estive com ele apenas em palestras e conversas com educadores. O que trago dele é que se as ideias de Paulo Freire se tornassem realidade não só em uma ou duas escolas, mas na sociedade, a gente seria muito mais feliz, porque o ser humano encontraria um jeito mais correto de se relacionar com o outro. Por meio dele, podemos construir outra sociedade mais amorosa. Para isso acontecer, todos precisam acreditar que é possível (...) A pedagogia de Paulo Freire coloca todo mundo a quebrar as paredes que existem entre nós, para aproximar e construir as coisas juntos.

Sobre os princípios da Escola Pres. Campos Sales:
Braz Nogueira: A escola tem cinco princípios — A escola como Centro de Liderança e Tudo passa pela Educação — e o tripé Autonomia, Responsabilidade e Solidariedade, que são vivenciados nas atividades desenvolvidas no cotidiano escolar por todos os alunos, mas também pelos profissionais que trabalham na escola. Todos são aprendizes nesse processo. Esses três princípios só farão sentido se articulados. Uma pessoa autônoma é uma pessoa livre, mas uma pessoa livre só pode fazer aquilo pelo qual possa se responsabilizar, e o que ela faz não pode prejudicar o outro. Viver de acordo com esses princípios não é fácil. É uma aprendizagem lenta e gradual. Isso numa empresa significa que até a alta liderança deve aceitar e viver esses princípios.

O que é liderança na sua visão?
Braz Nogueira: Um líder é aquele que mantém a esperança do grupo. E essa esperança pode estar numa criança, num professor, em qualquer pessoa. A liderança também muda, não é apenas aquela formalizada, ela muda de mãos.

Relação professor-aluno

Braz Nogueira: Quando comecei a mexer na cultura da Escola, foi a mesma coisa que mexer num enxame de abelhas, uma caixa de marimbondos. E o cerne dessa conversa era a relação professor-aluno. Derrubar as paredes da escola transformando em grandes salões também mexeu com o espaço — um espaço presente há séculos. Não há como mexer na cultura, mantendo todos no mesmo lugar. Derrubar as paredes era necessário, e não foi difícil. Consultei e pensei com um grupo de professores — conservadores e progressistas — antes desse movimento. Eu disse: "Vocês bancam a derrubada dos muros diante dos professores? Porque diante dos demais 'bancaremos' juntos!". E a partir de 2008, as salas viraram salões. Mas, derrubar as paredes internas de cada um, esta sim demandou mais tempo.

Em cada salão havia três professores, que se organizavam e resolviam. No início, alguns professores, que num primeiro momento não sabiam como lidar com conteúdos desconhecidos, professor de português resolvendo dúvida de matemática tinham medo de dizer que não sabiam, pois eram escravos do conteúdo. Mas, aos poucos, entenderam que eles têm de dar recursos, recursos, recursos, e quem sabe o aluno terá a resposta, caso ela exista.

Sociedade Autônoma é possível?

Braz Nogueira: Não se constrói uma sociedade autônoma, responsável e solidária com pais mandando nos filhos e diretores e professores mandando nos alunos. Essa sociedade só se construirá quando crianças, adolescentes, jovens, adultos e idosos caminharem lado a lado.

Quando derrubei os muros da escola, por exemplo, não fiz isso sozinho, confiando na autonomia apenas — isso seria loucura. Fiz isso porque sabia que todos — famílias e comunidade — seguravam comigo a marreta que derrubou as paredes. Foi viver com autonomia, com responsabilidade e solidariedade.

No ano de 2005, Braz Nogueira e Renata Udlis Mazon escreveram o seguinte TCC: **IMPLEMENTAÇÃO DE UMA METODOLOGIA DE ENSINO COM BASE NOS PRINCÍPIOS DA**

ESCOLA DA PONTE. E foi esse estudo que deu origem aos primeiros movimentos da escola. Ele não era apenas um trabalho de conclusão, era também um plano de ação robusto e primoroso. Num momento desse trabalho, os autores fazem a seguinte citação, que na minha visão representa também um aspecto-chave para o facilitador e a facilitadora:

"(...) o que está sendo desenvolvido aqui pede uma **nova mentalidade** que torna o ser humano independente de sua faixa etária, como um ser integral, e que, portanto, é capaz de tomar decisões, organizar-se individual e coletivamente para aprender e conviver. A escola não pode desconsiderar essas capacidades nas crianças que a ela acessam, e principalmente os saberes e valores de que são portadoras. Estas são expressões de sua comunidade de inserção e é a possibilidade de construção de novos saberes e valores. A escola portadora dessa nova mentalidade organiza-se para que os alunos se expressem livremente e funde-se com a comunidade onde está inserida. Instaura-se, então, um processo dialético no qual as influências recíprocas — escola/comunidade — produzem síntese cada vez mais elaborada, ou em outras palavras, novos saberes e novos valores". E continua: "esse trabalho não tem a pretensão de levar ninguém a imaginar que a solução do fracasso escolar ou a falência na relação professor-aluno pode ser reduzida à questão das metodologias de ensino. Ela é muito importante, mas uma metodologia de ensino só pode ser eficiente se acompanhada da nova mentalidade aludida acima. Esta sim instaura o movimento, a vida dentro e fora da escola".

"Aprender é desejo"

Braz Nogueira

Dica: No canal da Syntesedh no YouTube temos o programa n.º 22 *Educação: do Infantil ao Corporativo: Braz Nogueira, Educador.*

UNAS

Em educação, como no restante das muitas atividades humanas, o grande erro, a grande armadilha é que frequentemente, na preocupação de se fazer um belo trabalho, perde-se de vista nossos verdadeiros objetivos.
E o objetivo do verdadeiro educador deve ser um só: educar pessoas que possam mudar esse mundo, tão voltado para coisas sem importância, tão esquecido da felicidade de todos, tão cheio de injustiças!

Ruth Rocha

Estimulado por essa história, fui conhecer a escola e a comunidade. A surpresa foi ainda maior. Conheci Reginaldo, líder da UNAS (União de Núcleos, Associações dos Moradores de Heliópolis e Região), uma ONG que tem como missão "Contribuir para transformar Heliópolis e região num bairro educador, promovendo a cidadania e o desenvolvimento integral da comunidade". Essa organização surgiu em meados dos anos 1980, enquanto comissão de moradores da favela Heliópolis composta por representantes de cada núcleo da comunidade que lutavam pelo direito à moradia e posse da terra.

O bairro de Heliópolis possui aproximadamente um milhão de metros quadrados e se localiza na região sudeste da cidade de São Paulo, a oito quilômetros do centro. Em sua área, vivem cerca de 200 mil habitantes, a maioria de origem nordestina.

Reginaldo conta que "a articulação e organização da comunidade viraram o jogo em Heliópolis". Toda essa organização tem a educação como instrumento de emancipação, impactando mais de 12 mil pessoas diretamente por mês. Ele também falou sobre a rádio comunitária e a força da comunicação para estabelecer os objetivos da ONG. Diariamente, há um programa falando sobre as possibilidades nas escolas, preparação para vestibular etc.

Todos os projetos da ONG estão em total sincronia com a Campos Salles. Mas nem tudo são flores. Ele contou uma história que vale a pena compartilhar. Disse que, um dia um, aluno, já saído da Campos Salles para fazer o ensino médio numa escola estadual, comentou: "Não adiantou nada esse modelo proposto pelo Braz! Tínhamos de fazer uma redação na escola, escrevi três páginas, repletas de argumentos e análises profundas sobre o tema. E sabe qual foi minha nota? Três! Fiquei indignado e fui falar com a professora. Afinal, os demais escreveram, se muito, meia página. E ela disse que eu escrevi muito e que não tinha tempo para ler tudo".

Reginaldo, disse-me: "Você entende a indignação do moleque? Não adianta a Campos Salles promover tudo isso, se quando ele se depara com a realidade do sistema escolar é uma grande decepção. Temos de mudar todo o processo, e não apenas parte dele".

Acho que não preciso comentar, deixarei para o leitor e leitora a incumbência da reflexão.

A seguir, fui até a Campos Salles e vi na prática aquilo que o professor Braz contou na sua palestra. Fiquei encantado com a eloquência dos alunos, os grupos de estudo, a multidisciplinaridade, o papel do professor-tutor. Durante quase duas horas, conversei com as crianças, meninos e meninas felizes, transpirando saúde, sapequices e alegria. Sai de lá cheio de esperança.

Dica: No canal da Syntesedh no YouTube temos o programa n.º 21 *Educação: do Infantil ao Corporativo: Reginaldo José e João Victor - De Olho na Quebrada. Eles Contam - entre Tantas Coisas - sobre Heliópolis Bairro Educador e o UNAS.*

Dica 2: No canal da Syntesedh no youtube temos o programa Educação: do Infantil ao Corporativo #7 temporada 2 Solanje Agda, pedagoga e militante pela melhoria das condições de vida de crianças e adolescentes em Heliópolis.

Transdisciplinaridade

Acredito que o movimento proposto pela Escola da Serra e pelo professor Braz Nogueira esteja muito alinhado com os princípios da transdisciplinaridade, que consiste na intercomunicação entre as disciplinas, derrubando as fronteiras entre elas. O *Dicionário Interativo da Educação Brasileira - Educabrasil* retrata que a ideia de que a transdisciplinaridade surgiu para superar o conceito de disciplina, que se configura pela departamentalização do saber em diversas matérias. Ou seja, considera que as práticas educativas foram centradas num paradigma em que cada disciplina é abordada de modo fragmentado e isolado das demais. Isto resultaria também na fragmentação das mentalidades, das consciências e das posturas que perdem, assim, a compreensão do ser, da vida, da cultura, em suas relações e inter-relações.

A fonte diz, ainda, que a transdisciplinaridade é um princípio do qual decorrem várias consequências práticas, tanto nas metodologias de ensino quanto na proposta curricular e pedagógica. Ela considera que, embora cada um dos campos guarde suas especificidades, há entre eles um intercâmbio permanente, formando novos campos.

Segundo o psicólogo Jean Piaget, a interdisciplinaridade seria uma forma de chegar à transdisciplinaridade. A interdisciplinaridade considera um diálogo entre as disciplinas, porém, continua estruturada nas esferas da disciplinaridade. A transdisciplinaridade, por sua vez, alcançaria um estágio onde não haveria mais fronteiras entre as disciplinas e se consideraria outras fontes e níveis de conhecimento.

O termo transdisciplinaridade, originalmente criado por Piaget, foi apresentado em 1970, no primeiro seminário internacional sobre pluri e interdisciplinaridade, na Universidade de Nice (Université Nice Sophia Antipolis), na França..

Hoje, existe o Centre International de Recherches et d`Études transdisciplinaires (CIRET), que tem como fundador o físico romeno Basarab Nicolescu. Ele sugere que a transdisciplinaridade é uma nova abordagem científica, cultural, espiritual e social, ou seja, é estudar um objeto sob seus diversos pontos de vista, pois seu objetivo é a compreensão do mundo presente. E para tal compreensão, um dos imperativos é a unidade de conhecimento.

Para o sociólogo Edgar Morin, a transdisciplinaridade "corresponde ao olhar que subverte o reducionismo da visão disciplinar frente à complexidade do homem e da realidade social". A transdisciplinaridade questiona o excesso de fragmentação do saber e a pouca visão do todo. Se a proposta educacional das escolas é formar alunos para a vida, para o mercado de trabalho, por que não os preparamos de uma forma mais ampla, compatível com os novos desafios da atualidade?

Na história abaixo, o leitor e a leitora verão um exemplo prático desse conceito.

Sustainability Institute

Quando estive na África do Sul, visitei o *Sustainability Institute* (SI), localizado na ecovila de Lynedoch, a cerca de 30 quilômetros da Cidade do Cabo. A escola foi fundada pela educadora e ativista sul-africana Eve Annecke e o seu marido, o educador Mark Swilling. Inspirados pelo modelo do Schumacher College (Inglaterra), ambos fundaram, em 1999, a ONG *Sustainability Institute*, que desenvolve cursos em parceria com a Escola de Liderança Pública e a Faculdade de Economia e Administração da Universidade de Stellenbosch.

Fiz essa visita acompanhado do meu grande amigo irmão, Renato Inácio, e do ex-aluno, e agora professor do SI, o brasileiro Eduardo

Shimahara, coautor do livro *Volta ao Mundo em 13 Escolas*, sendo uma destas o próprio *Sustainability Institute*. Apenas como curiosidade, Shimahara foi o primeiro brasileiro a estudar no SI.

Eu já havia lido o livro e me apaixonado pelo capítulo que conta a história do instituto. Chegar lá foi absolutamente emocionante. A escola transpira cooperação. As salas de aula, que não lembram em nada os modelos convencionais, têm até uma área que remete aos espaços de aprendizagem dos filósofos gregos, uma espécie de arena. Trabalhar no jardim, na horta e praticar meditação são atividades cotidianas para os alunos do mestrado e doutorado que lá estudam.

"A transdisciplinaridade é um elemento que compõe a essência do Instituto. Na transdisciplinaridade, deixa de existir a divisão por disciplinas, as conexões tornam-se mais importantes do que qualquer compartimentação ou rotulagem daquilo que está sendo estudado", afirma Shimahara.

Conforme a visão dos fundadores do SI, "na rotina dos alunos, a transdisciplinaridade é vivenciada, principalmente, devido à presença de dois elementos. O primeiro é a ecovila, que potencializa a percepção da complexidade dos assuntos por unir o tradicional (as salas de aula) e o informal (o jardim, as conversas no café, a meditação pela manhã); por unir a prática (com as mãos na enxada) e a teoria (a biblioteca); por unir o barulho (de gente batendo o martelo para consertar alguma coisa nas suas casas) e o silêncio (da quietude das plantas). O segundo elemento é o fator humano: a diversidade dos alunos".

Recomendo aos entusiastas da Educação a leitura do livro *Volta ao Mundo em 13 Escolas*, dos autores André Gravatá, Camila Piza, Carla Mayumi e Eduardo Shimahara. O livro está disponível em PDF na *internet*. Vale cada linha!

Para quem quiser saber mais sobre o *Sustainability Institute,* visite o *site* www.sustainabilityinstitute.net

Por Que Precisamos Falar sobre Educação de Base?

Apresentei essas histórias sobre algumas escolas do Brasil e do Mundo, e não tenho dúvidas que temos milhares de outras boas escolas e modelos para apresentar. Mas, o fato é que escrevi sobre escolas porque a educação corporativa é fruto dessa educação. Empresas ainda investem muito dinheiro na educação corporativa porque a escola não fez direito o seu papel. Assim, acredito que as empresas têm também um papel social.

Isso fica claro quando recebemos a famigerada demanda *Team Building* (ou construção de times). Não é um absurdo essa demanda? Precisaríamos "tratar" isso nas empresas se a escola fosse de fato colaborativa?

Pois bem, recentemente (2018), uma notícia circulou na imprensa sobre os resultados do Sistema de Avaliação da Educação Básica (Saeb) que me causou tristeza e preocupação. Tristeza por me deparar com uma realidade tão dura que envolve o futuro dos jovens do Brasil. Jovens que, em breve, estarão no mercado de trabalho. E este é, justamente, o fato que me traz preocupação.

Como já sabem, lido diariamente com profissionais da área de Recursos Humanos de organizações de diferentes segmentos e portes. Um dos grandes desafios enfrentados por eles é criar soluções de aprendizagem que contribuam com gestores e líderes no aprimoramento de habilidades técnicas e comportamentais. As corporações cada vez mais assumem essa função, já que competências necessárias para o exercício do cargo muitas vezes não fazem parte do perfil dos colaboradores disponíveis para a função — ou já na função.

Se treinar habilidades técnicas e comportamentais já gera uma demanda significativa para a área de Recursos Humanos das empresas, imagine o quanto essa tarefa será árdua e mais volumosa quando os jovens estudantes de hoje chegarem ao mercado de trabalho. Explico:

O Saeb é composto pelas médias de proficiências em Português e Matemática extraídas da Prova Brasil, e pelo Índice de Desenvolvimento da Educação Básica (Ideb). Além disso, nessa última avaliação, o MEC classificou, pela primeira vez, os níveis de proficiência que estão organizados em uma escala de 0 a 9. Níveis de 0 a 3 são considerados insuficientes; entre 4 e 6, os alunos têm nível de conhecimento básico; e de 7 até 9, adequado.

A última avaliação — 2018 — foi realizada com mais de 50 mil escolas (públicas e particulares — estas de forma opcional) e revelou que o ensino médio foi classificado no nível 2 de proficiência, ou seja, insuficiente. Em Matemática, 71,67% dos alunos estão nesse nível de aprendizado. Destes — acredite — 23% estão no nível zero. Em Português, 70,88% dos jovens têm nível insuficiente de aprendizado, sendo que 23,9% estão no nível zero. Apenas 1,64% está no nível adequado.

Dados populacionais do IBGE de 2010 mostram que existem cerca de 17 milhões de jovens entre 15 e 19 anos de idade no Brasil. Segundo os dados da Organização para a Cooperação e Desenvolvimento Econômico (OCDE), apenas 64% dessa população conseguem chegar ao ensino médio (2015). Numa conta grosseira, chegamos a aproximadamente 10,8 milhões de jovens no ensino médio. Assim, se apenas 1,64% está no nível adequado de proficiência na Língua Portuguesa, estamos falando de cerca de 180 mil alunos que sabem compreender claramente um texto.

Esse número, tristemente revelador, deveria estar piscando como um alerta vermelho na mente dos profissionais de RH. Afinal, estamos, juntos, inseridos em um abismo do qual será penoso sair. Obviamente, é necessário solucionar essa questão na base, ou seja, na educação. Daí meu interesse tão legítimo pelo tema.

Mas, enquanto isso não acontece, não cabe aos profissionais de RH outra decisão senão a de atuar para tornar as questões de aprendizagem uma das prioridades estratégicas da organização. Esta será uma iniciativa necessária não só para oferecer condições para que o colaborador desempenhe melhor sua função, como também para que esteja preparado para receber promoções e ajudar a companhia a entrar e se manter na rota do crescimento.

Se o que faz uma empresa e sua cultura organizacional são as pessoas, então não há dúvidas de que elas precisam de cuidados. Nosso papel como gestores de pessoas talvez seja o último fio de esperança na qualificação e na construção de um Brasil melhor. Ou ajudamos ou continuaremos vivendo juntos dentro do abismo que se criou dentro do ensino público, principalmente.

Na biologia marinha, o termo "abissal" (permissão para a comparação feita por este engenheiro agrônomo) é utilizado para designar a parte mais profunda e escura dos oceanos. Vivemos uma era de zona abissal da educação brasileira que afeta o país diretamente em todas as demais frentes (saúde, segurança, ambiental etc.), impactando o futuro da nação e, consequentemente, das suas empresas privadas e públicas.

E é por isso que temos de discutir e apoiar a educação. O futuro do país e das companhias depende disso. Ou, senão, continuaremos a enxugar gelo. E o pior, "enxugando com água", visto que o modelo de educação corporativa ainda repete o padrão professor aluno.

> “A escola do século XIX não cabe aos indivíduos do século XXI”
>
> *Alcielle dos Santos, educadora*

Parêntesis DOIS para Falar dos Peixinhos aqui de Casa

Temos um hábito aqui em casa. Normalmente, sou eu quem dou banho no Felipe e na Manuela. A prática tem virado quase um ritual. Quando estou em casa, o banho fica por minha conta. Entramos todos no *box*, cantamos, brincamos e ouço belíssimas perguntas. Separei mais uma dessas histórias de curiosidade genuína e conclusões divertidas. A conversa começou com Manuela, quatro anos.

— *Papai, como a água chega lá no chuveiro?*
— *Não sei. Como você acha?*
— *Eu sei! Tem um balde grandão atrás da parede. Aí, um cano pega a água do balde e manda para o chuveiro. Depois, a água cai no ralo e volta para o balde.*
— *Então, a gente toma banho com a água que cai no ralo?*
— *Sim!*
— *Mas, a água não fica suja, Manu?*
— *Não, papai, ela fica limpinha por que a gente lavou ela.*
— *Ah, entendi*
— *Pai, se você olhar direitinho lá no ralo você pode até ver o Japão, sabia?*
—*Não sabia*

— *Não sabia*
— *Quer ver?*
— *Quero sim!*

E me deitei no chão do banheiro para ver o Japão. Foi pura diversão.

Felipe, seis anos, empolgado com a história do chuveiro, disse que tinha a sua versão:

— *Pai, eu sei como a água chega ao chuveiro.*
— *Como?, perguntei levantando do chão após viajar até o Japão.*
— *Tem um cano bem grande, muito grande, que pega a água num balde bem grande que fica lá embaixo no chão.*
— *Ah é? E como ela sobe?*
— *Ela sobe pelo cano! Depois que a gente toma banho, ela cai no ralo e sai por outro cano até algum lugar que eu não sei onde fica — e acho que ninguém vê —, que se chama esgoto.*

Após esse papo, regado a uma disputa saudável para discutir a origem da água do chuveiro, abri uma parte da estrutura de plástico que fica na parede do banheiro e dá acesso à tubulação. Lá, mostrei dois canos. Eles ficaram encantados, mas havia uma dúvida no ar: "Onde está o balde papai?". "Onde vocês acham?", perguntei. Concluíram que deveria ser em outro lugar, provavelmente no térreo ou telhado do prédio. Eu disse que não sabia e que poderíamos investigar juntos. Ficamos animados e começamos o projeto "Como a água chega ao chuveiro?".

Fico aqui imaginando quantas possibilidades de aprendizagem significativa acontecerão após esse papo no chuveiro. E quantas outras poderiam acontecer nas escolas e empresas baseadas na perspectiva da curiosidade.

Recorro aqui a Paulo Freire. Ele diz que para construir seu método de ensino, aprendizagem e pesquisa parte das necessidades populares e entrelaça isso a quatro momentos interdependentes:

1. Ler o mundo, o que implica o cultivo da curiosidade;
2. Compartilhar o mundo lido, o que implica o diálogo;
3. A educação como ato de produção e de reconstrução do saber;
4. A educação como prática de liberdade. Liberdade como a capacidade para autodeterminar-se, agindo de acordo com uma direção consciente.

Aquário Corporativo

Não são apenas as casas, escolas e universidades que têm seus aquários e peixes. Existe um lugar poderoso e atrativo denominado, para nós, como o Aquário Corporativo. Nesse lugar mágico, encontramos uma infinidade de peixes, que vivem em águas alimentadas por salários, bônus, férias, 13.º, benefícios, promoções, festas e afins. Esse grande aquário, na maioria das vezes, tem sua hierarquia. Há peixes de todos os tipos, cores e tamanhos.

Cada aquário tem sua temperatura e o seu pH. Isso significa, na teoria, que os peixes que habitam essas águas deveriam ser das espécies naturais desse sistema. Contudo, não é exatamente assim que acontece. Há uma série de "peixes ácidos" em aquários alcalinos e vice-versa. Muitos ficam onde estão acreditando que só existe aquele ambiente e que não há oceano além daquelas paredes retangulares de vidro. Outros até olham para fora, mas preferem bater suas nadadeiras nas águas conhecidas a arriscarem-se em mares nunca antes navegados. Assim, sobrevivem porque se adaptam. Criam escamas mais grossas e aprendem a "comer sapos" para viverem nessa rica e diversa fauna e flora aquática. Seria hipócrita se dissesse que não existem aquários corporativos belíssimos, com peixes felizes e saudáveis. Lá, eles nadam em águas ideais para a sua espécie, em boas condições de temperatura, pH e luminosidade.

A fauna aquática dos aquários corporativos é rica. Muitas vezes, o cardume é tão poderoso que generalizamos o grupo como sendo o aquário. Há outras centenas de espécies, cada uma com suas características e contribuições. Não há aquário sem peixes, mas há peixes sem aquários.

Água Fresca para o Mundo Corporativo: Hemisfério Sul do Planeta

> **"Não existiria som**
> **Se não houvesse o silêncio**
> **Não haveria luz**
> **Se não fosse a escuridão**
> **A vida é mesmo assim**
> **Dia e noite, não e sim"**
>
> *Lulu Santos*

O mundo corporativo, na minha perspectiva, necessita rever suas referências. Vivemos num mundo exponencialmente imprevisível, conectado, não linear e multidisciplinar, que exige um tipo de liderança diferente do modelo fordista, já discutido neste livro.

Linda Hill, titular da cátedra *Wallace Brett Donham Professor of Business Administration* na *Harvard Business School*, já investigou a liderança de muitos ângulos. Seus estudos também a fizeram percorrer o mundo para satisfazer uma curiosidade de longa data sobre economias emergentes, da Argentina à África do Sul, da Índia aos Emirados Árabes Unidos. Atualmente, Linda é diretora do curso *High Potential Leadership* da HBS e da *Leadership Initiative*, programa de pesquisa voltado a encurtar a distância entre a teoria e a prática da liderança. Nos seus estudos, ela destaca os desafios de encontrar e preparar gente capaz de liderar de modo indireto, permitindo que outros assumam a dianteira, tomem decisões e assumam riscos por conta própria.

Ela faz a seguinte afirmação num artigo da revista *Harvard Business Review* (2008): "Há cerca de dez anos, venho acompanhado a carreira de dirigentes empresariais — nenhum deles branco — na África do Sul pós-*apartheid*. Muitas dessas pessoas me sugeriram que há um estilo africano de liderança, capturado no conceito de *ubuntu*, comumente sintetizado na frase "eu sou porque nós somos". Se esse estilo de fato existir, a mentalidade decorrente do *ubuntu* talvez seja condizente com o talento para forjar parcerias dentro de empresas e entre elas — talento cada vez mais importante, não importa onde se opere".

Nessa mesma entrevista, Linda conta que na biografia de Nelson Mandela, *Longo Caminho para a Liberdade*, há um trecho que ele relembra como um líder de sua tribo falava sobre liderança: "Um líder é como um pastor. Segue atrás do rebanho, deixando que os mais ágeis tomem a dianteira e que os demais os sigam — sem perceber que, o tempo todo, estão sendo guiados pela retaguarda".

Sobre essa ideia de liderança trazida por Mandela, a professora de Harvard reflete: "Para mim, essa imagem do pastor personifica o tipo de líder de que, cada vez mais, precisamos. Alguém que saiba criar um contexto ou uma cultura na qual outras pessoas tenham disposição e capacidade para liderar. A imagem do pastor atrás do rebanho é um reconhecimento de que a liderança é uma atividade coletiva na qual pessoas distintas, em momentos distintos — dependendo de seus pontos fortes ou de sua 'agilidade' —, assumem a dianteira para levar o grupo na direção certa. A metáfora também alude à agilidade de um grupo que não precisa esperar por ordens vindo de frente para então reagir. Esse tipo de agilidade tende a surgir em grupos cujo líder encara o próprio papel como o de abrir oportunidades para a liderança coletiva, e não apenas definir rumos. Seria bom deixar claro que liderar na retaguarda não é abdicar da responsabilidade".

África do Sul

> **"A educação é a arma mais poderosa que você pode usar para mudar o mundo"**
>
> *Nelson Mandela*

Foi inspirado por esse cenário repleto de possibilidades que mergulhei no universo sul-africano. Foi transformadora a experiência de conhecer, no início de 2017, a África do Sul, ao lado do meu incentivador e amigo Renato Inácio, e tendo como mentor Eduardo Shimahara. Essa experiência abriu novas perspectivas na minha vida.

As razões são muitas, mas entre elas está o fato de quebrar preconceitos quanto ao que é a África do Sul. Normalmente, nós a associamos apenas à pobreza, à fome e a grandes animais. Esta é apenas uma das milhões de perspectivas possíveis num continente que tem 54 países e mais de 1.500 idiomas diferentes.

Assim, visitar o país, e especialmente Cape Town (Cidade do Cabo), foi um soco no estômago para a minha arrogância. Essa cidade foi eleita a capital gastronômica e, por duas vezes, a capital do *design* do mundo. Foi eleita destino número um no mundo pelo *New York Times*, em 2014. A cidade que fez o primeiro transplante cardíaco do mundo lança luzes e ideias para a construção de um futuro melhor. Outro choque de realidade foi saber que a universidade americana de Stanford está abrindo um campus na Cidade do Cabo. Além disso, quando expandimos a visão para o país, um dado faz o queixo cair. Os sul-africanos já embolsaram dez prêmios Nobel, sendo três para Medicina, dois para Literatura, um para Química e quatro para Paz – Albert Luthuli, Frederik de Klerk, Nelson Mandela e Desmond Tutu. O curioso é que os dois últimos da lista moraram na mesma rua em Joanesburgo, na Vilakazi Street. Ah! Apenas a título de comparação, o Brasil não tem nenhum Prêmio Nobel.

Claro que o país tem problemas sociais, políticos e econômicos não muito diferentes dos problemas do Brasil. Mas talvez seja esta a similaridade que potencializa essa ponte tão pouco transitada por nós.

Em novembro de 2017, voltei com um grupo para os mesmos lugares, mas com novos olhares. Aprendemos literalmente com todos os sentidos, tudo aguçado pela energia sul-africana. Conhecemos a história de pessoas encorajadoras, como a Sra. Ruth, ex-moradora do Distrito 6, um dos mais de 90 bairros destruídos pelos brancos na época do *Apartheid*. Ela nos contou que os brancos batiam nas portas das casas, pediam para que os negros que ali viviam colocassem seus objetos pessoais numa única mala e partissem para "um lugar muito melhor", normalmente uma favela (chamada por eles de *townships*) a mais de 40 km daquele local. Sua mãe resistiu por quase dois anos, mesmo vivendo sem luz e energia elétrica, até que sucumbiu e foi levada para essa favela, onde viveu por dois dias até morrer vítima de uma parada cardíaca. Ruth nos disse emocionada que "ela morreu com o coração partido". Ela também contou que perdoou aqueles que fizeram isso, mas reforçou: "perdoar não é apagar o passado. Mas entendi com o tempo que a falta de perdão me envenenava".

Uma das participantes da jornada, Carolina Bortoloto, fez um registro que entendo, representar a sensação do grupo nessa experiência de aprendizagem: "Aprendi que devo olhar o outro como se estivesse olhando no espelho! O *Apartheid* está dentro da gente e não nos damos conta do quanto excluímos o diferente, sem perceber que somos todos iguais!"

Pensando nessas conexões com o hemisfério sul do planeta e na força dessa experiência transformadora, a Syntese promoverá viagens anuais para a África do Sul, numa jornada de "Contrastes e Oportunidades". Já levamos e continuaremos levando grupos de pessoas que querem viver uma imersão na cultura baseada nos contrastes. O programa contempla visitas a escolas, favelas, vinícolas (são mais de 600 nos arredores da Cidade do Cabo) e o revigorado porto Water Front (gerenciado pela iniciativa privada). Também visitaremos o MOCAA, o mais moderno e completo museu de arte contemporânea do hemisfério sul e que foi construído num silo de grãos. Visitaremos Robben Island (a ilha onde Mandela ficou preso) e o mercado de produtores Oranjezicht.

Esse mercado é conduzido por uma empreendedora cheia de energia e vigor típicos das maiores referências globais. O local tem *design* simples, exuberante e um cuidado especial no trato com os clientes. Oranjezicht reúne produtores locais sob o *slogan Local is Lekker* (local é legal). E não se trata apenas de uma questão semântica. É a alma de a África do Sul fortalecer a produção local.

A sensação que tenho após essas experiências na África do Sul é a clara necessidade de descolonizarmos a educação. Não sabemos quase nada sobre a história do povo africano, não entendemos a energia dessa gente que são nossos ancestrais. Nas escolas, não discutimos com profundidade o que foi a escravidão no Brasil, o que foi o *Apartheid*, não falamos sobre racismo. Optamos, ao longo da história, de maneira pensada, no "branqueamento" da população, acreditando que assim minimizaríamos as diferenças e colocaríamos para baixo do pano todas as questões raciais.

Além disso, a África, bem como o hemisfério sul do planeta, representa, sem dúvida, um novo horizonte para a educação, o empreendedorismo e o futuro do trabalho. Desde sempre, bebemos nas fontes europeias e americanas e já sabemos aonde essas influências levam tanto as pessoas quanto as organizações. Fica o convite. Por que não tirar o pano e ver o que há no lado sul do planeta?

Uma das participantes da primeira jornada, em novembro de 2017, foi Débora Gaudêncio, referência no tema Comunicação Não Violenta (falaremos sobre esse tema no último capítulo). Ela escreveu um depoimento sobre a experiência sul-africana:

"Conheci a Syntese por intermédio de uma grande amiga que, ao participar de um encontro de Comunicação Não Violenta, me disse que o tema tinha muita conexão com a Abordagem Centrada na Pessoa. E ela estava certa. Foi com base nos estudos com Carl Rogers, principalmente focados na Empatia, que Marshall Rosenberg decidiu pesquisar e identificar na comunicação elementos que pudessem apoiar relações genuínas entre as pessoas. Ele percebeu, por meio do trabalho de Rogers, que a escuta empática era sanadora e que a comunicação poderia ser um canal para fluir a empatia entre as pessoas.

Eu, então, apaixonada por essa pesquisa em comunicação, imediatamente senti que precisava entender melhor o que era a ACP para que também a CNV pudesse ser vista por mim de maneira mais completa e mais profunda. E assim, dias depois, eu estava na Syntese conhecendo o Alexandre e aprendendo mais sobre ACP com o Marcos.

No início do workshop sobre a ACP, o Alexandre comentou que acabara de chegar de uma viagem incrível à África. Naquele momento, algo em mim já ressoou diferente, porque ele simplesmente não contou, ele traduziu, em pouquíssimos minutos, uma emoção, alegria e descobrimento que me impactaram e, claro, eu precisava saber mais daquilo. E assim foi. No final do encontro, ele contou mais sobre a tal viagem e os planos de uma jornada e como seria essa experiência. Pronto. Não foi preciso mais nada. Enquanto ele falava sobre as experiências, eu já me via lá. Simples assim. Foi paixão pela jornada à primeira vista.

Eu embarquei sem nenhuma expectativa, somente embalada pelo olhar apaixonado do Alexandre ao contar um pouquinho das experiências vividas por ele lá. Logo no primeiro dia, percebi as cores da viagem: o local escolhido para o jantar cheio de arte, a música cheia de sensibilidade, a comida cheia de significados, os participantes e envolvidos cheios de entusiasmo e eu ali, cheia de gratidão por ter dito sim àquele chamado.

E acredito que essa mistura de sons, cheiros, sabores e trocas deu toda a base para o início de um processo de aprendizagem trimembrado no qual confio muito: a relação eu comigo, eu com o outro e eu na sociedade.

Estávamos conhecendo pessoas, lugares e histórias indescritíveis, ao mesmo tempo que isso nos levava a olharmos para nós, para o outro e para nosso papel no mundo. De maneira leve, divertida, profunda e com consciência. Individualmente e em grupo. Uma oportunidade que, no dia a dia, ou não surge ou, então, deixamos escapar, mas que ali, tudo estava orquestradamente preparado para a vivenciarmos.

E a qualidade desse mergulho interno, esse olhar para o meu EU, foi todo permeado pelas atividades experimentadas durante os dias da viagem. Eu não só ouvi, eu ouvi, mas também tive a oportunidade de falar do que estava vivo em mim. Eu não só percebi a arte, eu pude senti-la e me conectar pelo coração. Eu não só contemplava, eu pude fazer, pôr a mão na massa, experimentar na prática. Foi um envolvimento de todo o SER, corpo, alma e mente em uma cultura diferente cheia de dores e alegrias.

Assim, não é surpresa que tanto o choro quanto o riso vinham fáceis. Era um exercício diário de vulnerabilidade e entrega, seja pela necessidade de se adaptar rapidamente em um vida em grupo, seja pela dor em perceber a ferida do outro, seja pelo prazer em desfrutar sabores e lugares especiais. E ser vulnerável exige coragem, coragem em se mostrar quem verdadeiramente se é. Mesmo para um grupo pioneiro que decidiu embarcar em uma aventura do outro lado do oceano, coragem sempre é um desafio.

E por meio da vulnerabilidade, esse desnudar a alma para o outro fez o grupo se conectar e ficar ainda mais forte e unido com o passar dos dias. Nas conversas em roda que fizemos em alguns momentos, ficou nítido que percebemos o quanto o outro pensa diferente de mim, o quanto outro sente diferente de mim e ainda assim consigo me conectar com ele, porque, nisso tudo, percebo nossa humanidade.

Eu poderia descrever aqui toda a beleza das cidades pelas quais passamos, todos os sabores que experimentamos, as fragilidades e injustiças que percebemos, mas não, isso a maioria das viagens tem. O que quero ressaltar é o impulso que vivenciei tudo, em grupo, e dessa forma que descrevi acima foi semeado internamente na maioria dos participantes: a vontade de olhar para o mundo e a partir de mim, de quem eu sou, contribuir para que o outro viva melhor.

E mais, a jornada na África começou e terminou lindamente. Mas acredito que, em cada um dos envolvidos, outra jornada emergiu: a busca por seu lugar autêntico na vida e em suas relações. Esta sim, nenhuma outra viagem supera."

Débora Gaudêncio

ACP e África do Sul

Durante a experiência sul-africana, descobrimos que a África do Sul é um terreno fértil para a prática da Abordagem Centrada na Pessoa. Primeiro, porque estar diante de uma sociedade com tantos contrastes nos leva a refletir profundamente sobre a humanidade e sobre nosso papel na sociedade. Diante de tanta reflexão, nossa atualização proveniente da "tendência atualizante" preconizada por Carl Rogers tende a se agilizar, quase como um tratamento de choque, um vai ou racha, uma clara visão depois de sair de um estado de cegueira. Não há como passar incólume pela convivência com pessoas (não brancas) tão afetuosas, apesar de ainda serem privadas de uma vida tão digna quanto a dos brancos. O Apartheid acabou em 1994, mas ainda assim as nomenclaturas que definem quem é quem está viva, em cada esquina. Há os brancos e os não brancos (negros, *coloureds* e *others*).

Com base nos três princípios da ACP, não é difícil pensar em como a aceitação incondicional positiva, a empatia e a congruência podem mudar as relações daquela sociedade. Em Robben Island, por exemplo, o presídio que encarcerou presos políticos do Apartheid está praticamente intacto, tornou-se um museu para que todos possam visitar e entender a dor de quem lutou pelo direito de simplesmente "ser o que é". O museu está lá para que o mundo saiba o quanto é devastador privar a liberdade de o outro ser o que é. Nesse caso, negros políticos.

Entrar no presídio/museu e ouvir as histórias contadas por um ex-presidiário é uma lição sobre a importância e a necessidade de respeitar o próximo, aceitando-o incondicionalmente e sendo empático com o contexto dele, com a forma como ele se enxerga e se sente. Também é uma lição sobre ser congruente, expondo-se, genuinamente, nas relações interpessoais. A visita à Robben Island é só um dos exemplos de lugares na África do Sul de onde é possível trazer muitos aprendizados na bagagem. Não é por acaso que esta é uma jornada transformadora.

Uma grande provocação que fica é como ser empático com os opressores? Já que o contrário é naturalmente mais fácil, quando somos expostos a uma experiência como a vivida com o carcereiro de Robben Island e a Sra. Ruth, no Distrito 6.

> **“De tudo o que ficou
> Muito ainda a vir
> Descobrir, transformar, florescer.
> A certeza do sempre Devir
> Vir a ser
> Ser a vir
> A beleza do chorar
> Desejo de sentir
> Deixar o que for brotar
> Vontade de estar
> Presente no presente
> De estar com
> De estar em
> Decisão de perdoar
> Cocriar
> Agradecer”**

Regina Leite, poema escrito após viver a primeira jornada da Syntese para a África do Sul, em novembro de 2017.

Infelizmente, no início de 2020, nosso querido Eduardo Shimahara faleceu. Todo o capítulo da África do Sul deste livro é uma homenagem a esse grande educador que ajudou a transformar a vida de tantas pessoas ao redor do mundo, com sua generosidade, pragmatismo e visão. Obrigado Shima!

Nova Zelândia: modelo colaborativo

> **“Vivemos uma revolução exponencial tecnológica, está na hora de vivermos uma revolução exponencial nas relações humanas.”**
>
> *Sandra Chemin*

A viagem à África do Sul me possibilitou mais uma conexão com o hemisfério sul, desta vez, na Nova Zelândia. Shimahara fez o grande favor de me apresentar à Sandra Chemin. Brasileira e empreendedora, ela vive há alguns anos na Nova Zelândia. Sandra tem uma história de vida digna que já rendeu dois TEDx. É só colocar o nome dela no Google para encontrar os vídeos. Só para resumir, ela chegou ao outro lado do mundo a bordo de um veleiro, com seu marido e duas filhas. Ao longo da viagem do Brasil para a Nova Zelândia, ajudou a fundar uma escola Waldorf, em Parati/RJ, e conheceu mais de 30 países.

Para se ter uma ideia, o país concede o visto *Global Impact Visa* para empreendedores que tenham como propósito ajudar a repensar e consertar as coisas "quebradas" do mundo. A Nova Zelândia já é apelidada como o Vale do Silício do Propósito. Além disso, o governo federal neozelandês escreveu o seu propósito como Nação.

Esse *cluster* de inovação diferenciado é simbolizado pela rede Enspiral, nascida do encontro de empreendedores digitais e ativistas. Trata-se de uma rede global com mais de 250 profissionais cujo propósito é aumentar o número de pessoas trabalhando naquilo que realmente importa. Nos últimos sete anos, a Enspiral fundou 15 *startups* que combinam práticas sociais com tecnologia de ponta para criar uma cultura participativa no mundo.

Brasil, África do Sul e Nova Zelândia. Três países. Três perspectivas. Muita diversidade. Muitas oportunidades para empresas, escolas, universidades, empresários e facilitadores. É no hemisfério sul do planeta que estão surgindo as práticas mais colaborativas, os modelos descentralizados de gestão e os negócios orientados por propósito.

Dica: Para aqueles que querem conhecer um pouco melhor a Enspiral, sugiro o livro *Better Work Together* (https://www.betterworktogether.co).

Dica 2: No canal da Syntesedh no youtube temos o programa Educação: do Infantil ao Corporativo Temporada 2 Episódio 4 com Sandra Chemin.

O Aquário Humano e os Seus Recursos

No aquário corporativo, há um espaço reservado para uma área denominada Recursos Humanos, responsável pelos peixes e mecanismos que os mantêm vivos e motivados. Essa área é responsável por criar sistemas que tornam o aquário corporativo límpido e navegável. Contudo, muitos RHs utilizam formas um tanto obsoletas para a gestão dos recursos que habitam esse ambiente. Essa área acredita que pode tornar o aquário melhor quando oferece ração de qualidade, plantas novas, troca a bombinha de oxigênio, passa escovão nos vidros do aquário, faz festinhas regadas à água com gás e convida sábios peixes para contarem suas peripécias em outros mares e darem dicas de sobrevivência no estilo BOPE marinho.

Tenho observado ao longo dos últimos 20 anos RHs que pensam nas soluções para o aquário corporativo apenas por sua perspectiva, sem escutar os maiores interessados nos caminhos que serão propostos. Muitas vezes, quando os peixes grandes e/ou pequenos são ouvidos, as conversas são enviesadas, privilegiando o comodismo, a praticidade das soluções e não a melhoria da qualidade da água em que todos nadam dia após dia. Constantemente, os RHs tratam as queixas dos peixes e não de fato o problema. Nadam em águas rasas, porque é preciso ter coragem para se aventurar nas águas profundas e buscar a causa da baixa qualidade da água e das condições em que os peixões e peixinhos vivem, gerenciam e são gerenciados, em cada área do aquário corporativo.

Recentemente, fui a uma empresa, um belo e imponente aquário. Caminhei por longos corredores até chegar à caverna onde o RH estava escondido. Lá, uma senhora com braços fortes e olhar apagado encontrava-se sentada atrás de uma mesa de fórmica cor creme. Sua primeira pergunta foi: “Vocês conseguiram achar a minha sala? Viu como nos tratam aqui?”. Tive a sensação que o trabalho ali não seria muito fácil.

Após quase uma hora de monólogo, era impossível não perceber que aquele RH estava muito distante de entender a realidade local e, de fato, ser reconhecido como uma área estratégica, colocando-se ao lado dos problemas da organização e apoiando no assunto que é sua especialidade: gente. Contudo, a sensação é que este e outros tantos RHs que conheço fecham-se para si, não fazendo um profundo exercício de compreensão daquilo que poderiam representar aos negócios.

Preferem apontar dedos às demais áreas a olhar para dentro das suas fronteiras. Muitas vezes, focam suas ações nas queixas e não nos reais problemas do Aquário.

Por sorte, há exceções, com peixes nos RHs que adoram as zonas abissais, mergulhando nas causas e não nos sintomas. Nós, aqui da Syntese, conhecemos ações relevantes e facilitadores competentes que podem apoiar o aquário corporativo na criação de espaços de aprendizagem que beneficiem toda a fauna e flora aquática.

Conhecemos também empresas que adotam práticas que unificam as necessidades da companhia aos anseios dos funcionários, fazendo com que o ambiente da organização seja propício à colaboração e ao engajamento do time. Vamos conhecer algumas dessas empresas.

Administrar Caminhando

Uma ação que vale destacar é a de um dos maiores hotéis do Brasil. A Syntese, durante alguns anos, atuou na formação de lideranças de um importante hotel de São Paulo, localizado no Parque Anhembi. O hotel, com mais de 730 apartamentos, tem como gerente geral Flávio Andrade. Ele tem uma história de vida comovente. Nascido na Cidade de Deus, no Rio de Janeiro/RJ, é filho de mãe solteira e perdeu muitos amigos jovens, alvos da violência. Trilhou uma trajetória profissional de respeito, começando como lavador de pratos e, hoje, sendo o gerente geral do maior hotel do Brasil. Um ser único. Admirável. Ele trabalha na mesma empresa a vida toda e já atuou em diversos países do mundo, República Dominicana, Guatemala, Nicarágua, Estados Unidos, Brasil etc.

Não é difícil imaginar que ser o gestor desse grande hotel é uma tarefa para os fortes. Há pressão por todos os lados, acionistas nacionais e globais, equipes e clientes. Para manter tudo funcionando, num negócio onde o coração são pessoas, desenvolvê-las é tarefa essencial. O seu Flávio, como carinhosamente é chamado, sempre diz: “Atuo e também desenvolvo líderes para atuarem como coaches. Ou seja, no lugar de uma resposta, fazemos perguntas. Só assim ajudaremos as pessoas a se desenvolverem”.

Há uma nomenclatura utilizada no hotel e praticada pela maioria dos líderes, é o que eles chamam de “Administrar Caminhando”. Os gestores e, principalmente, o gerente geral, caminham por todas as áreas operacionais e administrativas do hotel, garantindo, assim, apoio e *feedback* constante. Flávio também diz que o RH é o setor mais importante da empresa, à medida que a área apoia as pessoas, oferecendo ferramentas e divulgando os resultados da companhia por todas as paredes internas do hotel. Qualquer um pode acessar desde os números da sustentabilidade até os indicadores financeiros. “Transparência é palavra de ordem”, afirma Flávio.

Cocriação do Programa de Líderes

Esse projeto começou em 2016 e foi desenvolvido em conjunto com o terceiro maior frigorífico do Brasil. Para ele acontecer, tivemos de participar de uma concorrência que tinha como objetivo selecionar uma empresa de educação corporativa para facilitar um programa chamado *Escola de Líderes*.

Assim, nós e as demais empresas visitamos algumas unidades produtivas e tivemos contato com o processo de desmonte de um boi. O animal abatido entra inteiro na indústria e horas depois está em dezenas de pedaços prontos para o consumo no mercado interno e externo.

Um fato curioso aconteceu durante uma dessas visitas. Estávamos com o pessoal do RH as demais consultorias visitando as instalações. Até que chegamos à "bucharia", onde os trabalhadores manipulam o bucho do boi, aquele que muitos utilizam para fazer a famigerada dobradinha. Para quem não sabe, o bucho é o estômago do animal e, dentro dele, encontra-se aquilo que o bicho rumina, capim. Pois bem, quando chegamos à porta desse lugar, fomos orientados a colocar máscaras, já que o odor não era dos melhores. Estranhei o pedido, já que havia trabalhadores no recinto sem máscara. Então, comuniquei ao RH que eu não colocaria a máscara, muito menos a facilitadora que me acompanhava. Todos ficaram incrédulos. Afinal, o lugar não era nada aprazível.

Eu e a facilitadora entramos na área, o que para o RH não era um movimento necessário, visto que ali não havia líderes, apenas membros da equipe. Fiquei pensando: como farei um diagnóstico sobre líderes sem ouvir os liderados? Insisti e entramos. Sem máscaras. Conversei com um homem chamado Antônio, que trabalhava naquela área há três anos, cortando os buchos ao meio e limpando-os. Ele disse que gostava daquele trabalho, mesmo dizendo que tinha medo de se machucar. Para mim, foi a prática plena das posturas facilitadoras ACP, porque naquela rápida conversa houve empatia, aceitação incondicional positiva e congruência de ambas as partes.

Dias depois, lembrei-me de uma cena do filme *Patch Adams, o Amor é Contagioso* (1998). Na cena, um médico e um grupo de estudantes reúnem-se em torno de uma paciente e ele começa a descrever as doenças daquela assustada mulher. Os alunos, aparentemente pouco empáticos, fazem perguntas técnicas. O médico chega a anunciar uma possível amputação da perna da mulher. Até que Patch pergunta: "Qual é o seu nome?". E reforça: "Eu apenas gostaria de saber qual é o nome dela". O médico, então, observa a ficha e diz: "Margery". Patch cumprimenta a paciente e ela sorri.

Tempos depois, quando já estávamos atuando na *Escola de Líderes* do frigorífico, uma profissional do RH me confessou que aquele meu gesto na "bucharia" foi decisivo para vencermos a concorrência.

Facilitamos o primeiro ano do programa de um jeito mais próximo do convencional e, quando começamos a discutir o segundo ano do projeto, a ACP já estava nas entranhas da Syntese. Isso gerou um movimento diferente para a construção do segundo ano da *Escola de Líderes*. Soma-se a isso o fato de o RH estar 100% renovado, ou seja, todas as pessoas do primeiro ciclo tinham saído da empresa por diferentes razões. Assim, sentamos com os profissionais recém-chegados à área de RH, ouvimos o que eles queriam e propusemos construir juntos o programa. Cocriar.

Havia uma demanda do negócio relacionada a processos e que seria conduzida por uma equipe interna. Paralelamente, existia a necessidade de desenvolver um processo de aprendizagem focado em aspectos comportamentais. Assim, RH, instrutores da empresa e o time Syntese sentaram juntos para unir todas as necessidades num único programa. O mais incrível foi a sinergia entre todos no processo e a construção de um programa totalmente alinhado às lideranças do negócio. Além disso, tudo aquilo que era técnico e foi conduzido pelos instrutores locais recebeu a ACP como ingrediente especial. O resultado, até o momento (o programa ainda está em curso), é um programa mais significativo para os participantes, apontando nesse instante para excelentes resultados, como o nível de comprometimento, a diminuição do retrabalho e a compreensão do papel de gestor.

Não tenho dúvidas do potencial de um programa quando RH e consultoria resolvem cocriar. E isso tudo pode ser muito mais leve se associado ao jeito ACP.

Como encerramento da primeira etapa desse programa no frigorífico, em 2016, houve uma espécie de formatura. Reproduzo, abaixo, o discurso da oradora Marcela Moura, coordenadora da área de *Business Intelligence*, à época, e que representava os participantes nessa fala.

"Neste dia de encerramento da *Escola de Líderes*, posso dizer, com toda a segurança (e apoio dos meus colegas), que não estamos aqui para a comemoração por uma etapa cumprida ou para celebrar mais um curso finalizado. A sensação é muito maior. Hoje, podemos dizer que com as vivências que tivemos oportunidade de experimentar somos pessoas diferentes. Pessoas que, mais que aprender a liderar, aprenderam a se conhecer. E, se conhecendo, aprenderam a se colocar no lugar do outro, enxergar pelo olhar do outro e confiar nele. Liderar é isso. Liderar é motivar pessoas. Colocá-las juntas na mesma missão, uma parceria.

Durante todos os nosso encontros, tivemos experiências que nos abriram horizontes, nos lembraram dos nossos desafios diários, das temidas 'metas' e 'rotinas' (que devem ser cumpridas e seguidas, faça chuva ou sol), mas que nos mostraram uma nova forma de agir.

Aprendemos algumas siglas estranhas, como GUT (matriz da Gravidade, Urgência e Tendência), *pipeline*, *feedback*, que passadas a limpo são, na verdade, poderosos instrumentos na melhoria da tomada de decisão, na avaliação de importâncias, no relacionamento interpessoal, na obtenção de resultados.

Passamos também por alguns jogos que, a princípio inofensivos, mostraram-se bem competitivos e desafiadores, provocando até algumas demissões... e, ao final, foram excelentes lições de como fazemos as coisas e como elas poderiam ser feitas.

Aprendemos a nos colocar no lugar das nossas lideranças e sentimos o quão difícil é estar na pele deles e o quão difícil é ser racional num momento de pressão e emoção.

Entendemos que, se há uma coisa muito importante nessa história de liderança, essa coisa é a comunicação. Não somente o ato de falar e ser ouvido, mas sim, e mais importante, ser entendido! Como isso é complicado e necessário para o desenvolvimento pleno da equipe e da empresa.

Aprendemos que precisamos conhecer melhor o outro para tirar dele seu melhor potencial, entendendo qual "instrumento musical" é a sua cara para que ele se afine à orquestra na sinfonia maluca que precisamos tocar dia a dia, sempre com aprimoramentos.

Falando em orquestra do processo, como foi importante conhecer cada área da empresa, as dificuldades e méritos de cada um em sua área, quais atitudes que cada um estava adotando na prática diária, quais inovações que cada um promovia após cada encontro.

Se tivéssemos apenas alguns minutos (como teve o comandante do Rio Hudson) para decidir qual foi o resumo desses meses, diria, sem pestanejar, que se abriu um mundo novo em cada um. Mudamos e amadurecemos a nossa forma de pensar, de analisar, de nos relacionarmos. Crescemos no quesito liderança, interação com pessoas, resolução de conflitos, tomada de decisão. E agora que essa semente foi plantada, queremos mais!

Obrigado RH! Obrigado empresa! Gostaríamos que sentissem o quanto foi importante essa oportunidade. E quanto gás vocês nos deram agora.

Valeu Alê! Já que você não gosta de ser chamado de professor ou instrutor, digamos que você foi um veículo da mudança, da virada, da abertura desse novo mundo. Por último, não posso deixar de agradecer aos meus colegas de empresa e parceiros de grupo. Foi a experiência, a dúvida e a conquista de cada um que coroou tudo aquilo que vivemos, tudo aquilo que nos tornamos."

UniBrad, um Oceano de Possibilidades

A UniBrad - Universidade Corporativa Bradesco é cliente da Syntese há mais de sete anos. Essa parceria foi ganhando corpo até que a Unibrad decidiu, no segundo semestre de 2017, promover o curso de formação de facilitadores da Syntese in Company com o propósito de sistematizar o jeito ACP internamente. Digo sistematizar porque a UniBrad, desde sua inauguração, em maio de 2013, tem como missão, além de capacitar e desenvolver os cerca de 90 mil funcionários do banco, estabelecer um ambiente de autonomia para que possam construir a própria trilha de aprendizagem.

São os funcionários que conduzem o processo de desenvolvimento da própria carreira, escolhendo as soluções que a UniBrad oferece por meio das suas dez escolas que abrangem todos os direcionadores estratégicos da empresa. As dez escolas são *marketshare*, base de clientes, retenção, satisfação dos clientes, sustentabilidade, pessoas, eficiência, risco e qualidade nos processos, tecnologia, sinergia e qualidade da gestão.

"O propósito da universidade é desenvolver competências individuais, inspirar lideranças e estimular o protagonismo em todas as esferas da organização", disse Glaucimar Peticov, diretora de Recursos Humanos, na ocasião do evento do Prêmio *Learning & Performance Brasil 2016/2017*, que reconheceu o Bradesco como um dos 15 projetos que se destacaram no setor "Financeiro – Privado".

Quem está à frente da UniBrad é a gerente de Educação Corporativa Elka Juttel. Ela, que gentilmente concedeu uma entrevista para este livro, explica que a criação da universidade foi um processo natural, já que o Bradesco é um banco de carreira. "Historicamente, as pessoas ingressam no banco ainda jovens e constroem a carreira aqui dentro", conta Elka, que trabalha na empresa há 28 anos.

A capacitação dos funcionários é estratégica, na medida em que a própria instituição forma todo o time, de escriturários e caixas a gerentes e diretores. O que poderia ser um trabalho de desenvolvimento humano convencional acabou ganhando contornos inovadores na UniBrad, que tem hoje a facilitação ACP como uma das suas referências. Muitos elementos demonstram como a cultura do banco se fortalece com base na confiança e dissemina-se para a essência da universidade corporativa.

A começar pelo longo tempo de permanência de milhares de funcionários na instituição. Em todos com os quais tive contato até hoje — foram centenas — o orgulho de pertencer é visível. Afinal, eles confiam ao Bradesco sua trajetória e seu desenvolvimento profissional. Em troca, recebem a oportunidade de aprimorar conhecimentos, possuem autonomia para assumir suas respectivas funções como donos do negócio e crescerem na carreira. Um gerente de agência, por exemplo, é o líder de uma unidade de negócio. É ele quem orquestra todos os processos, regras, procedimentos e gestão de pessoas para que aquela operação seja eficiente e sustentável, gerando, assim, oportunidade de crescimento para mais funcionários.

Chegar ao cargo de liderança é a consagração de uma trajetória de sucesso no banco. Para o funcionário, é a prova de que a instituição confia na capacidade de o profissional chegar mais longe e entregar o seu melhor. É assim que o banco empodera seu time, fazendo com que cada integrante sinta orgulho de representar uma das instituições financeiras mais sólidas do país. Forma-se, então, um ciclo virtuoso que fomenta a cultura e o "jeito de ser" do Bradesco.

Elka conta que todo funcionário que assume pela primeira vez um cargo de gestor passa por um treinamento de 15 dias, na sede do banco, na Cidade de Deus, em Osasco/SP. O encerramento desse treinamento se dá com uma visita ao salão onde ficam o presidente do Bradesco, Luiz Carlos Trabuco, e os conselheiros. Conforme explica Elka, os funcionários têm muita curiosidade de conhecer os principais executivos e o local onde eles trabalham. São pessoas que vêm de todos os cantos do Brasil. Para elas, ter essa vivência e poder cumprimentar o presidente é um grande reconhecimento da sua trajetória na empresa. É como um prêmio. Para o banco, é uma forma de expressar, justamente, a confiança depositada naquele funcionário que está prestes a assumir o papel de dono de uma unidade de negócio (agência ou posto de atendimento).

Ela lembra que, recentemente, uma funcionária, quando foi cumprimentar o presidente, emocionou-se e agradeceu a oportunidade de ter feito carreira no banco. "Nesses momentos, percebemos como a questão da confiança é genuína no Bradesco e faz com que as pessoas, de fato, sintam-se parte e querem retribuir com o melhor trabalho que podem fazer", avalia Elka, que se emocionou ao contar essa história.

Osvaldo Nogueira, gerente na UniBrad e que também teve a gentileza de conversar com a Syntese para este livro, contou outra situação na qual uma funcionária fez um repente (poema cantado e improvisado) para os executivos durante a cerimônia de encerramento do treinamento de gestores. O mais inusitado foi que o presidente respondeu à nova gerente com outro repente. "A simplicidade dos executivos é uma característica do Bradesco e é muito valorizada dentro da organização", ressalta Nogueira.

Acredito que a simplicidade é a base de sustentação da relação entre a Syntese e o Bradesco. Como já expus aqui, minha formação é na agricultura, na roça, com gente simples. A Syntese nasceu para atuar no agronegócio. Apesar de hoje não estar voltada exclusivamente para esse setor, a consultoria jamais perdeu essa essência. No Bradesco — fundado em Marília, interior paulista, em 1943 —, eu encontro valores intrínsecos à vida interiorana na qual as relações têm laços mais fortes, o que vem de casa é valorizado, a escuta ativa, a colaboração e o acolhimento estão sempre presentes.

Estas são características que tornam o ambiente propício à postura facilitadora proposta pela Abordagem Centrada na Pessoa. Não é por outro motivo que o "jeito Bradesco" e o "jeito Syntese" conversam plenamente. Por isso, quando os gestores da UniBrad conheceram a facilitação por meio da ACP, logo se interessaram em saber mais. O primeiro membro da UniBrad a ter contato com o nosso "jeito", vivendo a formação que acontece na Syntese, foi o Anderson de Carvalho. Ao participar do curso de facilitadores da Syntese no primeiro semestre de 2017, ele percebeu que a facilitação ACP fazia todo sentido para o Bradesco e, então, construiu a ponte entre nós e o banco.

Numa instituição onde o funcionário traça a própria trilha de aprendizagem e é estimulado a ser protagonista do seu desenvolvimento e da sua carreira, a ACP já está presente. "Esse valor (de autonomia/empoderamento dos funcionários) já existia dentro da UniBrad. O que fizemos, a partir da parceria com a Syntese, foi estruturar com teorias e ferramentas", esclarece Elka.

Hoje, seu objetivo profissional é tornar a UniBrad referência na formação de líderes, aprimorando competências humanas e estratégicas de cada um dos milhares de profissionais que passam pela universidade corporativa — semanalmente, de 3.000 e 3.500 funcionários do Bradesco passam pelas soluções de aprendizagem presenciais da UniBrad. "Meu sonho é que a UniBrad seja reconhecida pelos funcionários como a escola que contribuiu para a carreira deles", confessa. Outro grande desejo, que já começa a virar um movimento da UniBrad, é abrir suas portas para oferecer soluções ao mercado. Isso ampliaria sua atuação e apoiaria muitas empresas e pessoas em vários lugares do Brasil.

Não há dúvida de que ela — e seu time de mais de 200 colaboradores — está no caminho certo. No início de 2017, a UniBrad foi eleita a melhor universidade corporativa do mundo pelo GlobalCCU, Conselho Global de Universidades Corporativas. A premiação reconhece, a cada dois anos, as melhores práticas e programas de educação corporativa mundialmente.

A notícia do prêmio gerou uma comoção generalizada em todo time da UniBrad e da Syntese, que se orgulha de poder contribuir para as práticas inovadoras da melhor universidade corporativa do mundo.

Dica: Você encontra no canal da Syntesedh no YouTube o programa n.º 6 *Educação: do Infantil ao Corporativo, com Elka Juttel, do Bradesco*.

Capítulo 4

O Oceano da Facilitação

Vivendo a incerteza da descoberta

> "A minha esperança é tornar-me, gradualmente, tão participante no grupo como facilitador"
>
> *Carl Rogers*

O processo de facilitação chegou à Syntese no início de 2015. Na verdade ele já fazia parte da minha vida desde sempre, mas não tinha esse nome, também não sei qual nome tinha. Acredito que o jeito Syntese de facilitar processos de aprendizagem seja um pouco diferente daquilo que a literatura comumente traz, talvez pelo fato de a nossa origem ser na agricultura, na roça. A necessidade de lidar com pessoas que constroem relações de forma mais simples, sem o viés do mundo empresarial, fez fortalecer competências, como flexibilidade e escuta. Já facilitei processos de aprendizagem para pessoas analfabetas e até debaixo de árvore — isso transformou a minha vida.

A facilitação é um processo de ajuda, no qual o facilitador cria condições para que os participantes do processo de treinamento possam ser eles mesmos. No livro *Liberdade para Aprender*, Carl Rogers afirma: "Vejo a facilitação da aprendizagem como o fim da educação, o modo pelo qual desenvolvemos o homem entregue ao estudo, o modo pelo qual podemos viver como pessoas em processo. Vejo-a como a função capaz de sustentar respostas construtivas, experimentadas, mutáveis, em processo (...)".

A facilitação pela Abordagem Centrada na Pessoa pressupõe que essa pessoa seja o participante do processo de aprendizagem, e não o facilitador. Sempre há um grande risco de o facilitador apaixonar-se pela própria voz. Nesse caso, não haverá facilitação, tampouco facilitador.

No mesmo livro, Rogers faz uma afirmação que talvez nos ajude nessa reflexão sobre a facilitação ACP. Ele diz o seguinte: "Fui me dando conta de que não posso oferecer ajuda a uma pessoa por meio de qualquer procedimento intelectual ou treinamento. Nenhuma abordagem que se baseie no conhecimento, no treinamento, na aceitação de algo que é ensinado, mostra-se útil. Essas abordagens se mostram tão tentadoras e diretas que, no passado, fiz uso de muitas delas. É possível explicar uma pessoa a si mesma, prescrever passos que devem conduzi-la para frente, treiná-las em conhecimentos sobre modo de vida mais satisfatório. Porém, tais métodos se mostram, em minha experiência, fúteis e inconsequentes. O máximo que podem alcançar é alguma mudança temporária, que logo desaparece, deixando o indivíduo mais do que nunca convencido da sua inadequação". E ele complementa: "O fracasso de quaisquer dessas abordagens por meio do intelecto me forçou a reconhecer que a mudança parece surgir por meio da experiência em uma relação".

A minha perspectiva corrobora com a visão do mestre Rogers. Acredito que o foco no conteúdo, muitas vezes, distancia o participante do processo de aprendizagem, diminuindo seu interesse e fortalecendo o seu sentimento do "não sei", "não sou capaz", "não está aderente à realidade". Assim, a premissa da facilitação ACP pode ser um caminho de ajuda à medida que o processo é construído com base nas experiências do grupo. Vale lembrar que o facilitador faz parte do grupo e, portanto, sua história é sempre bem-vinda.

Cabe, então, ao grupo eleger o que é desenvolvimento ou não. Desenvolvimento é encher a lousa de matéria? Alguns pensam que sim. Lembro que o professor José Pacheco, quando esteve na Syntese para uma fascinante palestra, disse, entre tantas coisas, que após mais de dez anos de escola (ensino médio e fundamental), o que fica na memória é, no máximo, o conteúdo equivalente a um ano e meio de trajetória escolar. E o resto? É resto. O mestre Rubem Alves dizia que conhecimento é tudo aquilo que fica após o esquecimento fazer o seu papel.

Outro dia, entrei de gaiato num treinamento conduzido por outra empresa. Fiquei assustado. Primeiro, era um volume interminável de *slides*, contendo tudo aquilo que, na visão do consultor, o grupo tinha de saber. Talvez ele tenha tido tal atitude norteado pelo aquário local, não sei. Além disso, o material era repleto de dicas. Havia dica para tudo: "cinco passos para liderar com sucesso", "cinco passos para gerenciar o tempo de forma eficaz", "dez dicas infalíveis para gestão de pessoas" e a ladainha seguia em ritmo acelerado.

Fiquei pensando: "será que este consultor já trabalhou nesta empresa? Já sentou nas cadeiras deste lugar? Por que ele não constrói com o grupo esses tais passos? Por que traz para o colo dele aquilo que pode ser papel do grupo? Será que responder a tudo e todos dá a ele a doce sensação do poder do EU SEI?". Guardei esses pensamentos para mim e, agora, para este livro.

Talvez esse consultor — e outros que gostem desse estilo — seja excelente profissional e até bom professor. Acredito que a opção em apresentar o simples conhecimento dos fatos tem o seu valor. Mas quando ele é mais importante que as pessoas, fico preocupado, por vezes triste. E isso acontece no processo porque, na maioria das vezes, a vontade e o ego do consultor estão acima do grupo.

Paulo Freire, a maior referência da educação brasileira, no meu ponto de vista, faz uma reflexão que acredito caber aqui. Ele diz: "(...) o homem é concebido não como objeto, mas como sujeito da ação educativa, e é fundamental a participação dos sujeitos no processo de problematização da realidade e da ação". E ele continua: "A tomada de consciência se dá não de forma isolada, mas por meio das relações que os homens estabelecem entre si, mediados pelo mundo".

Há uma fala de Carl Rogers que ajuda a fortalecer ainda mais a discussão do parágrafo acima. A sentença se refere ao papel do facilitador: "Creio que a maneira como sirvo de facilitador é importante na vida do grupo, mas o processo de grupo é muito mais importante do que as minhas afirmações ou o meu comportamento e desenrolar-se-á se não contrariar. Tenho a certeza de que me sinto responsável para com os participantes, e não por eles".

Recentemente, vivi outra experiência observando um facilitador da Syntese em ação. Num determinado momento, ele sugere que o grupo faça uma roda e propõe que os participantes se apresentem. Ansioso, o facilitador começa por ele a apresentação. A seguir, propõe que o participante do seu lado esquerdo faça o mesmo e assim por diante. Já no intervalo, sento com o facilitador e pergunto: "Todos os participantes deveriam mesmo se apresentar? Não seria interessante fazer esse acordo com o grupo, evitando ser tão diretivo, determinando, inclusive, a ordem da roda?". E ele respondeu: "É a força do hábito. Melhor que eu defina o caminho. Mas prometo me esforçar para a próxima roda". Lembrei-me nesse momento do documentário *Educação Proibida*, de 2012. Em determinado instante, um entrevistado do filme comenta: "Muitas vezes, ensinar vira simplesmente um processo de reprodução simbólico".

Será que temos de trazer para nossa mão tudo e todos? Por que há grande dificuldade em acreditar e confiar na autorregulação do grupo? Por que temos de tornar o processo diretivo? Sinto, muitas vezes, que buscamos ouvir do participante a palavra, a frase, o pensamento que nós acreditamos como válido. Quando isso não acontece, vejo conexões forçadas, tudo para dirigir o grupo naquilo que o consultor julga como importante.

Talvez, essas questões não façam sentido para você, leitor e leitora. Porém, elas são fruto de questionamentos que faço há muito tempo. Uma questão chave que sugiro para o facilitador é refletir sobre como facilitar condições para que a aprendizagem seja significativa. Na minha visão, não é pelo controle que isso se dá. Por exemplo, os recursos utilizados em sala de aula são definidos pela perspectiva do facilitador e dos demandantes das empresas, quando poderiam ser tema discutido com os alunos.

Algumas vezes, queremos que os participantes leiam textos, vejam filmes, preparem-se antes. Mas por que não ousar (se é que isso seja ousadia)? Por que não trazer todo esse "arsenal" de informações para a sala e permitir que o grupo escolha aquilo que interessa para a sua atuação? Por que a consultoria ou os RHs, que muitas vezes estão distantes do dia a dia do funcionário, devem definir o que os participantes devem fazer, sendo que são eles que estarão na sala de aula e, sem dúvida, sabem aquilo que é útil para a sua realidade?

Rogers diz que "aprendizagem significativa verifica-se quando o estudante percebe que a matéria a estudar se relaciona com seus próprios objetivos". E ele complementa falando como podemos fazer isso: "É por meio de atos que se adquire aprendizagem significativa. Um dos modos mais eficazes de promover a aprendizagem consiste em colocar o estudante em confronto experiencial direto com problemas práticos (...), ou seja, a aprendizagem é facilitada quando o aluno participa responsavelmente do processo, escolhendo suas próprias direções (...)".

“Não há ensino-e-aprendizagem fora da procura, da boniteza e da alegria”

Paulo Freire

Rogers, no seu livro *Grupos de Encontro*, faz algumas reflexões sobre o contexto filosófico e atitudes do facilitador: “Criado um clima de suficiente facilitação, confio no grupo para desenvolver as suas próprias potencialidades e as dos seus membros. Para mim, essa capacidade do grupo é uma coisa fantástica. Talvez, como corolário disso, desenvolvi, gradualmente, uma grande confiança no processo de grupo. É, na verdade, semelhante à confiança que consegui ter no processo de terapia do indivíduo, quando era facilitada em vez de ser dirigida. Um grupo, para mim, é semelhante a um organismo, possuindo o sentido da sua própria direção, ainda que não possa definir intelectualmente essa direção. Isso me recorda um filme médico que, há tempos, causou-me uma profunda impressão. Era um fotomicrofilme que mostrava os glóbulos brancos do sangue movendo-se inteiramente ao acaso na corrente sanguínea, até que apareceu uma bactéria patogênica. Então, de uma maneira que só podia ser descrita como propositada, dirigiram-se para ela. Rodearam-na e, gradualmente, cercaram-na e destruíram-na. Depois, voltaram para o seu caminho, ao acaso. De igual modo, segundo me parece, o grupo reconhece no seu processo os elementos não-saudáveis, centra-se neles, filtra-os ou elimina-os, e continua, tornando-se um grupo mais saudável. É esta a minha maneira de dizer que vi ‘a sabedoria do organismo’, manifestada em todos os níveis, desde a célula ao grupo”.

Recentemente, vivi uma experiência onde o organismo vivo organizou-se num processo de aprendizagem. Eu estava em Barretos/SP, em um grande frigorífico. Já estávamos no terceiro ou quarto encontro do programa de lideranças que acontecia todo mês. No dia do encontro, acordei passando muito mal, febre alta, dores no corpo e mal estar, era impossível facilitar aquele encontro. Todos estavam na sala de aula, ávidos por mais um momento de aprendizagem coletiva. Fiz a abertura, começamos a conversar, mas eu não tinha condições para continuar. Contei para o grupo aquilo que era visível e como me sentia. Um dos participantes fez a proposta para me levar ao hospital e os demais disseram: "Nós já sabemos o tema — Processos — e podemos conduzir a conversa tranquilamente. Alguém do grupo pode até assumir o seu papel". O resultado dessa história é que o grupo encontrou caminhos para se autorregular e organizar, como os glóbulos brancos. E, segundo eles, foi o melhor encontro, feito com as próprias mãos. Quanto a mim, os glóbulos brancos tinham resolvido debandar, assombrados pelo vírus da dengue.

> **"Nunca duvide que um pequeno grupo de cidadãos, prestativos e responsáveis, possa mudar o mundo. Na verdade, é assim que tem acontecido sempre."**
>
> *Margaret Mead, antropóloga cultural norte-americana.*

Sol Verde

> “Dance bem
> Dance mal
> Dance sem parar
> Dance bem
> Dance até
> Sem saber dançar”

Música Dancin' Days de Nelson Motta e Rubens Queiroz, eternizada na voz do grupo "As Frenéticas".

Há uma linda história que ouvi outro dia num TEDx com Sir Ken Robinson sobre educação. Em um desses TEDx, ele cita uma menina de quatro anos de idade que estava desenhando, quando sua professora pergunta: "O que é isto?". A menina diz: "É Deus". A professora, inconformada (provavelmente presa aos seus paradigmas), responde: "Mas nunca ninguém viu Deus". Daí, a menina com a sabedoria das crianças, aquela que aniquilamos ao longo da vida, responde: "Então espere eu acabar meu desenho". Toda vez que penso nessa história, lembro-me da nossa capacidade como professores de matar o potencial criativo do grupo. Sustentamos nossa verdade e ponto final.

Recentemente, durante uma aula, um aluno contou-me um caso. Ele disse que, quando criança, desenhou um sol verde. A professora olhou para aquele desenho e falou alto, já empunhando sua temerosa caneta vermelha, como uma lança prestes a perfurar o coração da sua vítima: "Sol não é verde. Sol é laranja. Está errado!". E, então, ela fez um "X" vermelho sobre o sol verde da criança, já pálida, punida por desenhar um sol do jeito que ela queria que fosse.

A professora fez um “X” não apenas no desenho, mas no potencial criativo daquele jovem, que quinze anos mais tarde contou emocionado essa história, numa sala de aula repleta de alunos solidários, quase que exorcizando a temível professora. Muitas vezes, é desse modo que a escola lida com aquilo que ela julga errado. Anos mais tarde, já na empresa, como você correrá riscos? Como será capaz de ousar? Isso será uma tarefa difícil. Será preciso enfrentar uma batalha rumo ao autoconhecimento, porque, provavelmente, o erro foi abolido do seu dicionário. Afinal, ele representa o feio, o perdedor ou aquela estúpida nota baixa em matemática, na quinta série, quando o professor fez questão de deixar bem claro o quanto seu raciocínio não valia a pena, considerando apenas o resultado final. O grande Sir Ken Robinson diz que não crescemos rumo à criatividade, mas para longe dela, ou melhor, somos ensinados a abandoná-la.

Fico pensando que o facilitador ACP é a outra face dessa moeda. O facilitador receberá, muitas vezes, participantes com histórias como estas relatadas neste livro e também, muito provavelmente, terá vivido situações parecidas. Eu vivi várias vezes momentos assim. E você? Imagine que você e os demais membros do grupo cheguem ao ambiente de aprendizagem carregando, por vezes, esse ranço acadêmico. Nesse instante, penso como as posturas facilitadoras, quando genuínas, fazem toda a diferença. Porque são pessoas lidando com pessoas o tempo todo. O facilitador ACP acredita na força desse organismo vivo, pujante e atualizante. Para esse facilitador, não existe grupo forte ou fraco, existe grupo.

A Boniteza da Facilitação

> “Na ausência do outro,
> o homem não se constrói homem.”
>
> *Leu Vygotsky*

Há um livro do professor Moacir Gadotti, chamado *Boniteza de um Sonho: Ensinar e Aprender com Sentido*. Em um dos trechos, ele destaca aquilo que chama dos saberes necessários para o novo professor. Colhi aqueles que, na minha visão, estão próximos do papel do facilitador e fiz uma livre adaptação trocando professor por facilitador. Vejamos:

1. O Facilitador é um profissional do sentido, atuando como mediador. O ato educativo está ligado ao viver com sentido;

2. O Facilitador é um profissional que aprende em rede, desenvolvendo habilidades de cooperação;

3. Ensinar é mobilizar o desejo de aprender, pois mais importante do que saber é nunca perder a capacidade de aprender;

4. A ética é parte integrante da competência do facilitador, do saber ser facilitador.

Decidi elaborar a tabela abaixo para comparar o que é e o que não é ser facilitador ACP. Entenda que é apenas um resumo.

O que É facilitação ACP	O que NÃO É facilitação ACP
Os participantes estão no centro do processo.	O instrutor está no centro do processo.
Os objetivos de aprendizagem estão relacionados aos interesses do grupo.	Os objetivos de aprendizagem estão centrados no conteúdo do instrutor.

O que É facilitação ACP	O que NÃO É facilitação ACP
A aprendizagem se dá por meio dos atos. Um dos modos mais eficazes de promover a aprendizagem consiste em colocar o participante em confronto experiencial direto com problemas práticos.	O processo de aprendizagem se dá pela perspectiva e experiência do instrutor, havendo nenhuma ou baixa aderência às necessidades dos participantes e promovendo um ambiente passivo de aprendizagem.
A aprendizagem é facilitada quando o participante atua responsavelmente no seu processo.	O participante é passivo no processo. Ele é estimulado a atuar como um receptáculo de respostas e conteúdos.
A aprendizagem envolve os sentimentos e a inteligência do participante. Tudo deve ser considerado no processo, havendo condições de ajudar, sem julgamento.	Foco no conteúdo. Considera pouco as emoções. Há risco de julgamento.
O facilitador cria um clima ou condições de ajuda. Sua filosofia básica é a confiança no grupo e nos indivíduos que o compõem.	O instrutor direciona os olhares, expectativas e responsabilidade para si. Há uma postura de controle da sala. A sua necessidade pessoal prevalece sobre o grupo.

O que É facilitação ACP	O que NÃO É facilitação ACP
Facilitador ajuda a trazer à tona tanto os propósitos individuais, quanto os mais gerais do grupo. Não teme aceitar intenções contraditórias e metas em conflito. Permite a existência da diversidade de propósitos.	O instrutor posiciona-se quanto àquilo que é diverso, mantendo o foco naquilo que acredita ser bom para o grupo, apenas pela sua perspectiva.
Considera a si mesmo um recurso flexível a ser utilizado pelo grupo. Tem postura de tutor, mentor, conselheiro, ouvinte. Atua como um "andaime", apoiando estruturalmente a construção da aprendizagem, até o ponto que o grupo julgar necessária sua presença.	Considera a si mesmo o mais importante recurso, entregando respostas, conteúdos, pensadores e mantendo-se no controle. Atua como "vigas", sustentando a edificação da aprendizagem permanentemente.
Quando estabelece o clima de receptividade, o facilitador está apto a se tornar, progressivamente, um aprendiz participante, um membro do grupo, exprimindo suas opiniões como as de outros membros.	O instrutor mantém a hierarquia na sala de aula, sustentando seu papel de comando, ao longo de todo o processo.

O que É facilitação ACP	O que NÃO É facilitação ACP
Toma a iniciativa de compartilhar com o grupo seus sentimentos e suas ideias, de modo a não exigir nem impor, mas simplesmente ter uma participação pessoal que os outros integrantes podem acolher ou recusar.	O instrutor comunica dicas, histórias, conteúdos e referências, havendo a tendência de impor seu ponto de vista como sendo "a verdade".
É congruente e empático com as expressões de sentimentos profundos ou fortes. Podem ser sentimentos de conflito, afeição, dor, raiva etc. Desse modo, o facilitador mostra-se atento não apenas às ideias do grupo, mas também às atitudes. Por meio da sua receptividade, ele ajuda a explicitá-las para que o grupo as compreenda e utilize de maneira construtiva.	O instrutor envolve-se nada ou pouco com as expressões dos sentimentos do grupo, já que tende a manter uma postura de controle e pouca liberdade.
O facilitador procura reconhecer e aceitar suas próprias limitações.	O instrutor sustenta a postura do controle e autocontrole. Suporta suas ações no conteúdo.

O que É facilitação ACP	O que NÃO É facilitação ACP
Utiliza recursos didáticos com o objetivo de criar condições de ajuda. Empenha-se em organizá-los e torná-los disponíveis o tempo todo.	Muitas vezes, utiliza recursos didáticos inadequados que expõem ou infantilizam o grupo (dinâmicas quebra-gelo são as campeãs nesse quesito). Apresenta uma lista de dicas baseadas na sua necessidade.
O facilitador ouve o grupo empaticamente.	O instrutor ama a própria voz.

Fonte: Inspirado e adaptado do livro Liberdade para Aprender, Carl Rogers, 1969.

"Tem-se de encontrar uma maneira de desenvolver,
dentro do sistema educacional como um todo,
e em cada componente, um clima conducente
ao crescimento pessoal; um clima no qual a inovação
não seja assustadora, em que as capacidades criadoras
de administradores, professores e estudantes sejam nutridas
e expressadas, em vez de abafadas. Tem-se de encontrar,
no sistema, uma maneira na qual a focalização não incida
sobre o ensino, mas sobre a facilitação da aprendizagem autodirigida."

Carl Rogers

Uma perspectiva subjetiva sobre a experiência do grupo

> “Não existe o conhecimento do grupo, existe o conhecimento das pessoas que estão no grupo.”
>
> *Braz Nogueira*

O processo de facilitação coloca, teoricamente, o facilitador e os demais membros do grupo na mesma perspectiva. Esses dois agentes chegam ao ambiente de aprendizagem com uma bagagem repleta de histórias, angústias e conquistas. É nesse cenário que nós, facilitadores, começamos os primeiros instantes em sala de aula.

Quando o facilitador não está seguro de que consegue conduzir o grupo no jeito ACP, tende a se sentir despreparado e angustiado pelo fato de ter aceitado, por exemplo, facilitar um processo de aprendizagem sobre um tema que não domina. Nesse caso, o que se vê é um indivíduo cheio de questões, sentindo-se vulnerável, observado, exposto. Já quem está seguro na ACP, parte do princípio de que o conhecimento está no grupo e o facilitador tem o papel de fazer os conhecimentos individuais se transformarem em um conhecimento coletivo e substancial. Afinal, não se trata de uma palestra na qual o facilitador fala e o grupo escuta. Se fosse, não seria facilitação nem tão pouco ACP.

Enquanto o facilitador está lá, diante do grupo, tentando lidar com as suas próprias questões para fazer aquele encontro ganhar significado para todos que ali estão, inclusive ele, os participantes, em geral, estão com medo de serem questionados, expostos, ameaçados, observados.

Essa situação é bem típica em treinamentos impostos pela empresa ou pelo chefe, que, nesse caso, prefiro não chamar de líder.

Atitudes de insegurança como as citadas acima são um reflexo de como carregamos as histórias relacionadas às escolas por onde passamos e aos professores que tivemos. Provas, notas, advertências, repreensões, conquistas. Há um terreno repleto de subjetividades na mente de cada um de nós. Ao iniciar um processo formal de aprendizagem, tudo isso está na sala, no grupo. Vemos a foto e raramente vemos também o filme que levou cada um até ali.

Muitas vezes, a memória do modelo escolar experimentado ao longo da vida acadêmica cria nos membros do grupo a expectativa de que o facilitador responda a seus anseios, dúvidas, medos etc. O facilitador ACP espera contribuir, ajudando a criar um ambiente que facilite o processo, sem, necessariamente, dar respostas, mas sim apoio. Busca, por vezes, ser aceito como membro do grupo, ser leve, pouco notado, ser parte importante na sustentação do processo de aprendizagem, ser ator (e não o protagonista). Ser autêntico, ser ele mesmo, sem máscaras.

Lembro como o filme da década de 60, *Ao Mestre com Carinho*, estrelado pelo ator Sidney Potier, fez toda a diferença na minha vida. O longa apresenta a dificuldade de um engenheiro recém-formado e negro em melhorar sua condição de vida. Ele decide ser professor em Londres e acaba em uma escola do subúrbio, com uma turma muito problemática. Ele percebe que, antes de insistir no ensino com aqueles alunos, seria preciso trabalhar os valores morais e psicológicos dos jovens. Cada um deles vivia um drama na vida. Por isso, agia de maneira agressiva, tentando chamar atenção de uma forma revoltosa e, consequentemente, acabava tendo um baixo rendimento escolar.

O jeito que o professor escolheu para conduzir a turma no processo de aprendizagem obteve êxito. No primeiro momento, ele assumiu uma postura mais enérgica e congruente com aquilo que, de fato, estava sentindo. Aos poucos, com muita franqueza e seriedade, ele foi conquistando a atenção dos jovens.

Carl Rogers, no livro *Grupo de Encontros* (1970), analisando a relação terapeuta-cliente, faz uma consideração que reforça a subjetividade presente nas relações, que não acontecem num instante apenas, mas podem levar dias, meses, anos. Apresento aqui um recorte daquilo que ele expressa, primeiro sobre o papel como terapeuta:

"Para o terapeuta, é uma nova aventura que começa. Ele sente: 'Aqui está outra pessoa, meu cliente. Sinto um pouco de receio dele, medo de penetrar nos seus pensamentos, tal como tenho de mergulhar nos meus. No entanto, ao ouvi-lo, começo a sentir certo respeito por ele, a sentir que somos próximos. Pressinto o quão terrível lhe parece seu universo, com que tensão procura controlá-lo. Gostaria de apreender seus sentimentos e que soubesse que eu os compreendo. Gostaria que ele soubesse que eu estou próximo no seu pequeno mundo compacto e apertado, capaz de olhar para esse mundo sem excessivo temor. Talvez eu possa torná-lo menos temível (...). Gostaria de acompanhá-lo nessa temerosa viagem ao interior de si mesmo, ao medo dele escondido, ao ódio, ao amor que ele nunca foi capaz de deixar aflorar em si. Reconheço que é uma viagem muito humana e imprevisível tanto para mim como para ele e que eu me arrisco, mesmo sem saber que tenho medo, a retrair-me em mim mesmo perante certos sentimentos que ele revela. Sei que isso impõe limites à minha capacidade de ajudar (...)'".

A seguir, Rogers fala pela perspectiva do cliente:

"O cliente, por seu lado, atravessa uma série de estudos de consciência muito mais complexos, que apenas podemos sugerir. Esquematicamente, talvez os seus sentimentos assumam uma das seguintes

formas: 'Tenho medo dele. Preciso de ajuda, mas não sei se posso confiar nele. Talvez ele veja em mim coisas de que não tenho consciência — elementos terríveis e maus. Ele não parece estar me julgando, mas tenho a certeza de que o faz. Não posso dizer-lhe o que realmente me preocupa, mas posso falar-lhe de algumas experiências passadas em relação a essas minhas preocupações. Ele parece que compreende essas experiências, logo, posso abrir-me um pouco mais com ele'".

Essa dança se dará ao longo das horas, dias, meses e anos em que o processo acontecer. Terapeuta-cliente. Facilitador-grupo. Um *ballet* ritmado na vontade daqueles que buscam ajuda. Nessa dança, o facilitador deve estar sempre presente, mesmo com todas as suas questões já compartilhadas aqui. Ele nunca deve se ausentar do processo e do grupo. Facilitador facilita. O facilitador não cria pegadinhas, personagens, jogos de palavras para fazer o grupo completar frases ou coisas do tipo. Atuações artísticas, do tipo palestrante motivacional, raramente conversam com ACP.

O Paradigma do "Tem de!"

> **"Tudo está fluindo. O homem está em permanente reconstrução; por isso é livre: liberdade é o direito de transformar-se."**
>
> *Lauro de Oliveira Lima, educador brasileiro.*

Quando observo algumas empresas e RHs, percebo a presença e consolidação de um paradigma que deve ser, no mínimo, discutido. Frequentemente, escutamos frases, como "Essa turma TEM DE sair com tal comportamento modificado", "Vocês TÊM DE garantir o resultado"; "Os participantes TÊM DE mudar no final do programa em tais comportamentos", "Você TEM DE provocar o grupo para tais aspectos", "Este participante está aquém daquilo que precisamos". Estas são apenas algumas das frases que ouvimos, constantemente, quando vamos apurar o *briefing* com o cliente e também durante o processo em sala de aula.

Quando comparamos essas aparentes necessidades do negócio com a facilitação baseada na ACP, há um abismo. Como podemos garantir, em sã consciência, que alguém vá mudar algum comportamento ou apresente melhor desempenho apenas com um dia, dois ou alguns dias de treinamento? Não há milagre. Muitas vezes, o trabalho desenvolvido em sala de aula está bem estruturado, apresenta fio lógico, a facilitação acontece, mas o clima na empresa é ácido, o líder é autoritário e a empresa está sem rumo. Será que um treinamento e o facilitador garantirão a mudança? Não há aprendizagem onde o "TEM DE" predomina, onde a voz do julgamento é mais forte que o outro na sua integridade e potencialidade.

Outro dia, durante um processo de aprendizagem, um facilitador me fez um questionamento: "Você não acha que a solução deles (no caso, a solução apresentada pelos participantes para um problema proposto) poderia ser melhor? Não poderiam ir além?". Respondi: "O que é ir além? O quanto conhecemos da realidade e do repertório de cada um deles para fazer esse julgamento?". O final dessa conversa rápida foi o silêncio.

Muitas vezes também é o silêncio que impera nas conversas que temos com os contratantes dos treinamentos, quando falamos sobre o "TEM DE". Os processos de aprendizagem na Syntese têm como premissa o princípio fundamental da ACP que é a crença na tendência atualizante, ou seja, na capacidade que cada indivíduo tem de evoluir por si só, a partir das suas próprias escolhas e experiências. É justamente por isso que tenho a convicção de que o desenvolvimento de pessoas promovido de maneira formal pelas organizações por meio de treinamentos, aplicativos, reuniões etc. continua ativo, sempre, pois é processo. Processo de vida. Aprender é processo de vida. O "TEM DE" acontecerá no desabrochar de cada indivíduo, ao seu ritmo, ao seu tempo, e não no momento determinado pelo contratante. O processo é contínuo.

Facilitação: Ouvidos que Ouvem

"Saber que ensinar não é transferir conhecimento, mas criar as possibilidades para a sua própria produção ou a sua construção. Quando entro em uma sala de aula, devo estar sendo um ser aberto a indagações, à curiosidade, às perguntas dos alunos, às suas inibições, um ser crítico e inquiridor, inquieto em face da tarefa que tenho — a ele ensinar e não a de transferir conhecimento".

Paulo Freire, Pedagogia da Autonomia

Começarei essa conversa sobre ouvidos numa reflexão feita por Rogers, a qual ele chama de *Gosto de Ouvir*. Acredito que muitos já tenham vivido situação semelhante. Ele diz: "O primeiro sentimento, o mais simples, que eu quero, pois, compartilhar com vocês é o prazer de realmente ouvir alguém. Penso que talvez seja esta, de longa data, uma das minhas características. Lembro-me que sou assim desde os primeiros dias da escola primária. Uma criança fazia uma pergunta ao professor e este lhe dava uma resposta completamente diferente. Vinha-me sempre um sentimento de pesar e de aflição. Minha reação era: mas o senhor não ouviu o que ele perguntou? Sentia uma espécie de desespero infantil ante aquela falta de comunicação que era (e é) tão comum. (...) Creio saber porque me satisfaz ouvir alguém. Quando realmente posso ouvir alguém, entrei em contato com ele. Isso enriquece a minha vida. Ouvindo os outros, aprendi tudo que sei sobre o indivíduo, a personalidade, a psicoterapia e os relacionamentos interpessoais".

O processo de facilitação exige do facilitador ouvidos atentos, ouvidos que ouvem profundamente. Essa postura pressupõe colocar o facilitador como parte do grupo (e não como centro), construindo e debatendo com o grupo, facilitando e não dificultando o caminho do aprendizado. O ouvir profundo é um recurso necessário para o facilitador estar inteiro no grupo.

O jeito de facilitar ACP exige desprendimento dos modelos que vivemos no passado e abertura para o novo, colocando-se, genuinamente, como um participante curioso do processo. Outro dia, ouvi de um colega facilitador: "Quanto menos preparado você estiver, melhor! Isso ajuda a manter a curiosidade. Ajuda a ouvir. Sem rótulos". É exatamente assim que eu penso.

Essa afirmação me fez lembrar dos *briefings* que já recebi dos RHs. Traziam detalhes de cada participante do processo de aprendizagem que seria realizado. Fichas corridas, quase um histórico dos crimes cometidos pelo funcionário, além de recomendações para lidar com ele. Nesse instante, a ânsia em ajudar mata a curiosidade e a possibilidade de conhecer o outro pelo filtro do facilitador — e não pelas lentes, muitas vezes embaçadas, dos avaliadores locais.

Recentemente, estive em uma grande empresa multinacional. Fui ouvir a demanda de um RH desesperado e em busca de ajuda. Segundo as profissionais que representavam a área, elas já haviam falado com mais de dez consultorias. Fiquei por quase duas horas ouvindo histórias e angústias. Fiz perguntas e expus minhas dores. Ao término, elas pediram o meu parecer para tamanho problema. Minha resposta: "Não sei". E não sabia mesmo. Tinha de pesquisar, conversar com mais pessoas, as questões eram complexas. Alguns dias depois, voltei para uma nova reunião. Passado algum tempo de conversa e exploração de possibilidades, uma das profissionais me deu um *feedback*: "Sabe que aquele dia eu amei a nossa reunião. Muitas consultorias vêm aqui e dão respostas para tudo. Eu me achava burra. Afinal, trabalho aqui e não sei como resolver as questões internas. Você disse não sei. Eu comemorei quando foi embora". Viva a inconclusão. Um facilitador é um mar de inconclusões. Ah! Quanto ao projeto, não aconteceu. As demandas mudaram.

O mestre Paulo Freire, no livro *Pedagogia da Autonomia*, faz a seguinte reflexão sobre o ato que ele nomeia como "Aprender a escutar": "(...) Somente quem escuta paciente e criticamente o outro fala com ele, mesmo que, em certas condições, precise de falar a ele".

Carl Rogers faz uma belíssima contribuição para as questões aqui expostas. Ainda no livro *Liberdade para Aprender*, ele diz: "Atribuo um enorme valor ao fato de poder me permitir compreender outra pessoa". E complementa: "A forma como expus essa afirmação parece-lhes estranha. Será necessário permitir a si mesmo compreender outra pessoa? Penso que sim. A nossa primeira reação à maior parte das afirmações que ouvimos das outras pessoas é uma avaliação imediata, é mais um juízo do que uma tentativa de compreensão. Quando alguém exprime um sentimento, uma atitude ou uma opinião, nossa tendência é quase imediatamente sentir: "está certo", "que besteira", "não é normal", "não faz sentido", "não está certo", "não fica bem". Raramente, permitimos a nós mesmos compreender precisamente o que significa para essa pessoa o que ela está dizendo. Julgo que essa situação é provocada pelo fato de a compreensão implicar um risco. Se me permito realmente compreender outra pessoa, é possível que essa compreensão acarrete uma alteração em mim. E todos nós temos medo de mudar. Por isso, como afirmei, não é fácil permitir a si mesmo compreender outra pessoa, inteiramente, completa e empaticamente (...) Compreender é duplamente enriquecedor".

A importância de Firmar Acordos com o Grupo

Uma pergunta que escuto com frequência é se na ACP pode tudo. Como se fosse um ambiente absolutamente desprovido de regras e cada um faz o que quer. E a resposta é não! ACP pede acordos e combinados, porém eles podem ser feitos de um jeito diferente — coconstruído — ou convencional, você decide.

Como facilitador, já defini com o grupo as regras de convivência, por exemplo. Já fiz isso algumas dezenas de vezes nas aulas em universidades ou em processos de aprendizagem em empresas. Por que apresentar uma lista num Power Point sem vida? Não vale dedicar tempo para construir com o grupo? Facilitando uma aula num curso de MBA, perguntei aos alunos quando seria o melhor momento para o café, como gostariam de ser avaliados (já que a instituição não abre mão dessa insanidade) e quais seriam as regras de convivência durante as aulas. O grupo, que inclui o facilitador, decidiu que o celular não caberia nas aulas, mas que os intervalos poderiam ser um pouco mais longos para a troca de mensagens e e-mails. Quanto às provas, o grupo construiu as perguntas, decidiu como seriam organizadas as questões e, por fim, deu as notas.

Ao término das aulas, recebi de alguns alunos *feedbacks*, como: "Nunca imaginei decidir a nota! Senti-me empoderado!", "Adorei construir a aula", "Foi incrível ouvir e conhecer os demais colegas de classe". Também vi algumas caras feias, alunos esperando e pedindo uma aula convencional. Mas o saldo foi positivo e as conquistas, marcantes. Já havia feito isso na FAAP, mas não com essa dimensão vivida nessa turma de MBA, na FIA, onde lecionava sobre liderança contemporânea. O tema já era uma provocação por si só e não me permitia dar uma aula convencional. Afinal, como ser contemporâneo, pensando e agindo no modelo industrial?

Sem Pegadinhas

Outro aspecto importante na facilitação e que faz parte do jeito ACP é o fato de não existir "pegadinha" no processo. Certa vez, notei que um dos participantes de um processo de aprendizagem que eu facilitava estava visivelmente incomodado com a atividade que acontecia. Perguntei a ele se estava tudo bem. E ele disse: "Estou tentando adivinhar qual é a pegadinha deste jogo". Tentei entender com ele qual era o motivo dessa preocupação e ouvi: "Sempre ficamos um tempão nessas dinâmicas para, no final, descobrirmos que havia uma pegadinha. Estou cansado disso". Respondi algo que, na minha visão, é o que norteia este livro: "No processo de educação de adultos ou crianças, não pode haver pegadinha. Isso não seria educação, seria qualquer outra coisa. Quando a consultoria é séria, ou seja, tem consciência do que está fazendo e de qual o seu papel diante de um grupo, você não corre esse risco".

Treinamento técnico aceita ACP, Sim

Mesmo quando se trata de um tema técnico, cheio de regras e teorias, é possível para o facilitador se manter na ACP. O que ele precisa fazer é, mais uma vez, facilitar o caminho, apresentar o conceito e, então, criar condições para que a discussão sobre o ponto apresentado aconteça. Outro dia, discutindo com um profissional que ministra aulas sobre segurança do trabalho, ele me questionou, dizendo que há uma série de normas e regras que devem ser apresentadas num treinamento como este e que não cabe facilitar e construir conceitos coletivamente, já que a regra já está definida.

Acredito que, no caso de um assunto técnico, o jeito ACP pode prevalecer quando há o olhar cuidadoso do facilitador para o participante, quando há escuta ativa às necessidades do grupo e atenção aos problemas locais. É dessa forma que posturas facilitadoras propostas por Carl Rogers (congruência, compreensão empática e aceitação incondicional positiva) podem ajudar. Mas lembre-se, não é técnica, é jeito.

Confiança Não é dada, é Conquistada

> “Eu te desejo muitos amigos
> Mas que em um você possa confiar
> E que tenha até inimigos
> Pra você não deixar
> De duvidar”
>
> *Frejat*

Para falar sobre confiança, é essencial falar sobre a desconfiança. Fico pensando o quanto na vida aprendemos a desconfiar dos nossos sentimentos e sensações. Por exemplo, quando você era criança e caía no chão e começava a chorar, o que sua mãe ou pai dizia ou fazia? Entendia sua dor e o acolhia ou dizia vai passar, não é nada, logo sara? Depois na adolescência, você tinha uma frustração amorosa, o que eles diziam? Não fica assim, logo passa, é a vida. Ou acolhiam sem julgamento? O fato é que passamos a acreditar naquilo que a boa intenção deles dizia, e paralelamente iniciamos um processo de desconfiança interna. Imagina sua criança num diálogo interno meio parecido com este: "Eles são meus pais, mais velhos, eles devem saber o que é dor, decepção etc... eu sou apenas uma criança, confiarei neles".

Ao longo da vida, tivemos milhares de conversas dessas que foram minando a nossa confiança. A nossa fiança. O nosso recurso Confiança. Em vez de construirmos fomos destruindo.

Paulo Freire, o patrono da educação brasileira, dizia: "Confiança não é dada, ela é construída por atitudes de respeito, como acolhimento, nos limites das relações humanas possíveis, entremeadas de afeto e de disponibilidade para o diálogo".

Há uma questão importante na relação de confiança. Muitas vezes, escuto facilitadores ou instrutores dizendo: "Será que se eu falar tal coisa a pessoa aguenta ouvir?". A reflexão que fica é que, quando confiamos verdadeiramente no potencial da pessoa, não podemos decidir por ela o que ela aguenta ou não ouvir. Ao pressupor que eu aguento receber a verdade e o outro não, coloco-o em um degrau abaixo de mim e, assim, acabo subjugando a pessoa. Essa postura é muito recorrente e não conversa com as posturas facilitadoras ACP.

A confiança é o que mantém a estrutura de qualquer relação. Sem ela, não há como criar laços fortes entre líderes e liderados, entre colaboradores e empresas, entre o RH e os profissionais que ele contrata — ou ajuda a contratar — e para os quais elabora os processos de aprendizagem. Imagine um RH sem confiança no time que ele próprio ajudou a formar? Isso existe e não é uma raridade.

Há uma história vivida com o facilitador Thiago Nistal que expressa bem a relação de confiança (ou a falta dela) do RH com os funcionários de uma empresa. Mas, antes, é preciso explicar que Nistal é musicoterapeuta e facilitador de rodas de tambores, uma dinâmica de grupo em que os integrantes participam tocando tambores e outros instrumentos musicais de percussão, com o propósito de fazer música em conjunto. "Trata-se da utilização do fazer música a serviço de objetivos não musicais", explica o especialista.

Segundo ele, a experiência com a prática da roda de tambores estimula a criatividade e aumenta a autoestima dos participantes, cria integração e melhora a comunicação entre os membros do grupo. Além disso, faz com que eles vivenciem o processo de liderança, compreendam a visão dos processos, entre outros fatores. Alguns estudos clínicos comprovam benefícios à saúde de pessoas que participaram de experiências com Rodas de Tambores, incluindo o aumento das defesas imunológicas e redução do estresse.

Voltando à nossa história sobre confiança, antes de realizar a dinâmica, Nistal recebeu de uma jovem profissional do RH da empresa em questão um e-mail carregado de desconfiança. Ela escreveu: "Você promete ficar atento ao tempo que cada pessoa ficará com cada instrumento no mesmo ritmo? (...) E se as pessoas não se sentirem à vontade para discutir o assunto após a roda (debriefing)?".

Fiquei imaginando o sofrimento e a necessidade de controle dessa jovem. Provavelmente, ela gostaria de garantir o êxito da atividade e aprovação máxima dos participantes. Talvez não quisesse frustrar seus gestores ou talvez tenha tido essa atitude não por vontade própria, mas por alguma pressão interna da corporação. De qualquer forma, para deixá-la confortável, Nistal, gentil e paciente, respondeu a ela que a questão do tempo em cada instrumento era relativa, já que a atividade em si seria maior do que isso. Garantiu que daria muita atenção, que teriam muitos músicos apoiando e pediu que ela ficasse tranquila. Já com relação às pessoas não se sentirem à vontade para discutir os assuntos propostos, ele ressaltou que esta poderia ser considerada uma postura válida, sendo, inclusive, uma forma de fazer uma leitura do grupo. Novamente, o que entrou em cena nessa situação causada pela profissional foi "controle *versus* liberdade".

Outro exemplo nós vivemos dentro de uma multinacional que buscava um processo de aprendizagem para desenvolver o espírito de dono e protagonismo nos colaboradores. Para se ter ideia do desafio que tínhamos pela frente, o RH queria controlar tudo o que o grupo veria, ouviria e discutiria durante o processo. Num dado momento da conversa, eu e uma facilitadora que me acompanhava na reunião falamos abertamente sobre nosso sentimento em relação àquela situação. Pontuamos questões sobre como uma empresa que quer controlar cada vírgula do conteúdo de um processo de aprendizagem com mão de ferro vai fazer o time assumir qualquer tipo de protagonismo. Ou como desenvolver espírito de dono, quando não se confia nos "donos".

Sob nossa perspectiva, expusemos sobre a possibilidade de o RH, como área demandante, primeiro observar a própria postura, mudar a relação ainda por vezes paternal, rever o jeito de olhar para esses funcionários. Desse modo, haveria mais chance de sucesso. É impressionante como o mandonismo do Aquário Brasil sempre mostra a sua cara. Por fim, caminhamos com o programa. Ao término de cada encontro, fazíamos uma sessão com o RH e a liderança local para aparar arestas e alinhar expectativas. Todos ficaram satisfeitos e o RH saiu fortalecido. Esse caso virou referência global nessa companhia e o principal motivo foi o modo como facilitamos as conversas. Na visão da empresa, "foi inovador!".

Nas escolas e organizações, de maneira geral, temos vivido um paradoxo, o paradoxo da relação comando e controle *versus* confiança e autonomia. Há pedidos frequentes para "desenvolver" protagonismo, autonomia, espírito de dono etc. — como se isso fosse possível e acontecesse num passe de mágica — mas por outro lado, as empresas querem saber tudo passo a passo daquilo que será dito, discutido e, em alguns casos, pensado pelos participantes. Infantilizam as relações, tratam gestores como bebês. Alimentam-nos com papinha para não machucarem os dentes. E esperam que eles sejam protagonistas, maduros e autônomos. Por exemplo, vamos imaginar que um grupo de líderes deveria ler um artigo como preparação para um processo de aprendizagem. Daí você os encontra no dia da aula e pergunta: "Vocês leram o artigo?". Se a maioria disser não, o que você fará? Dará tempo para eles lerem? Encerrará a aula? Voltará aos combinados? Fará o quê? O fato é que, muitas vezes, infantilizamos a relação, retomamos o controle e damos o tempo para a leitura. Se isso ajuda? Não sei, deixarei para você essa reflexão.

Creio que essa certa esquizofrenia que acontece hoje nas organizações seja uma das tantas razões das doenças no trabalho, como depressão, *burnout*, pânico e até mesmo suicídio. Ambientes e pessoas que sufocam e matam. Lugares onde ser você mesmo pode não ser uma boa ideia.

> **"Não podemos mudar, não nos podemos afastar do que somos enquanto não aceitarmos profundamente o que somos."**
>
> *Carl Rogers*

Rogers faz a seguinte reflexão sobre confiança: "A meu ver, o ingrediente importante proporcionado pelo facilitador é a confiança. (...) A confiança não é suscetível de ser fingida. Não é uma técnica. O facilitador há de ser tão confiante quanto de fato é".

> **A centralidade da educação como prática da liberdade implica o diálogo que exige o amor, a amorosidade e confiança na construção do lugar do conhecimento como direito de participação em outro mundo possível.**
>
> *Paulo Freire*

DICA: Você encontra no canal da Syntesedh no YouTube o *podcast Syntetizando Ep 25 Especial Confiança*. Uma entrevista que Alê Moreno teve com as psicólogas e facilitadoras de processos de aprendizagem Marina Oliveira e Regina Leite.

A Vulnerabilidade do "Não Sei"

Lembro-me de que algumas vezes não soube responder a algumas perguntas que me foram dirigidas em sala de aula. Simplesmente disse ao participante que eu não tinha a resposta. Para quem lida com a educação de forma tradicional, minha atitude pode parecer fraqueza. Claro, tenho consciência de que dizer "não sei" gera vulnerabilidades (interna e externa). Mas entendo também que se trata de um ato baseado na congruência, empatia e aceitação incondicional positiva consigo mesmo. Quando isso acontece, tudo fica mais fácil, diminui o peso nas costas do facilitador, distribuindo, organicamente, o peso do que é ou não responsabilidade dele. No entanto, reforço que a facilitação ACP não é técnica, é jeito.

Capítulo 5

A Fluidez da Facilitação

Fluxo da Facilitação

> “Nada lhe posso dar
> que já não exista em você mesmo.
> Não posso abrir-lhe outro mundo
> de imagens, além daquele que
> há em sua própria alma.
> Nada lhe posso dar a não ser
> a oportunidade, o impulso, a chave.
> Eu o ajudarei a tornar visível o seu
> próprio mundo, e isso é tudo.”

Herman Hesse

Quem não está familiarizado com a ACP, pode achar que sem método e “apenas com jeito” é impossível entregar um processo de aprendizagem estruturado e de forma profissional, digamos assim. Mas eu acredito que esse pensamento é equivocado. Muitas vezes, já me questionaram se o processo de aprendizagem baseado na ACP não é solto demais, sem amarras. Afinal, fugimos do Power Point e do plano de aula. Pois bem. Chegou a hora de revelar que não, o processo não é solto.

Os processos de aprendizagem da Syntese são baseados em uma estrutura que chamamos de Fluxo da Facilitação. O Fluxo possui dois filamentos, sendo que um representa a figura do facilitador e outro, dos participantes.

O Fluxo da Facilitação remete ao formato do DNA, tem movimento, os filamentos se expandem e se aproximam, formando ondas. Os movimentos simulam os momentos de protagonismo do facilitador e dos membros do grupo. Dos filamentos, nascem conectores, que, como se vê no desenho, representam a intensidade de participação e de ação de cada filamento (facilitador e participantes), em diferentes fases do processo de aprendizagem.

Os conectores provenientes do facilitador carregam o desenho do processo de aprendizagem. Neles, estão, por exemplo, a introdução ao tema; os acordos propostos para o grupo; os estímulos, como perguntas, histórias e/ou conteúdos trazidos pelo facilitador; os recursos didáticos; o CAV - Ciclo de Aprendizagem Vivencial: e o fechamento.

Já os conectores que nascem do filamento dos participantes trazem as percepções, contribuições e reflexões do grupo, em relação ao tema do encontro, bem como o repertório de cada integrante.

Os pontos de contato entre os conectores do facilitador e do grupo representam, justamente, tudo aquilo que é cocriado dentro do processo, como os aprendizados, que podem ou não ser significativos. Segundo Rogers, aprendizagem significativa acontece quando o participante percebe que o conteúdo se relaciona com seus próprios objetivos.

Ao longo do fluxo, tende a inverter a intensidade de participação de cada agente. Hora o grupo ganha mais espaço, hora o facilitador o faz, lembrando que, na facilitação ACP, quem facilita também passa a fazer parte do grupo. Assim, não existe líder e liderados, mas sim um ambiente de contribuição mútua, um espaço a ser preenchido com o conhecimento, o repertório e as histórias de absolutamente todos que estão na sala e que estão dispostos a compartilhá-los.

Quando o facilitador propõe ao grupo um recurso didático (jogo, filme, *world café*...), naquele instante, o seu nível de intensidade está mais elevado. A partir do momento em que o grupo acolhe a proposta e aceita participar da atividade, eleva-se o nível de intensidade do grupo em relação ao facilitador. É justamente esse movimento que denominamos de Fluxo da Facilitação.

Faz parte desse movimento, inclusive, a possibilidade de o grupo sugerir caminhos distintos daquele inicialmente proposto pelo facilitador. Daí surge o conceito da **Alegoria do Jardim**, criado pela Syntese.

Esse conceito foi inspirado na experiência do usuário tão prezada pelos *designers*. De que adianta uma cadeira com *design* inovador e nada confortável? De que adianta asfaltar um caminho se quem por lá passa prefere outra rota, a não asfaltada?

Outro dia, facilitava um processo de aprendizagem para uma empresa global. Como de costume, fiz reuniões de alinhamento com o RH. Conversamos sobre as principais questões que seriam abordadas no encontro com os colaboradores. O fluxo da facilitação propunha uma abertura, algumas histórias e, na sequência, uma atividade relacionada a valores.

No entanto, durante essa experiência sobre os valores profissionais, surgiram relatos de experiências importantes dos participantes. Eles começaram a compartilhar, espontaneamente, histórias de vida que expunham seus valores pessoais. Foi a brecha para percorrermos uma nova trilha pelo "jardim". Recolhi o caminho que havia desenhado, abandonei o relógio e me joguei com o grupo nos novos caminhos. Construímos um painel e conseguimos, juntos, visualizar como os valores trazidos por eles se conectavam com os valores da empresa. Chegamos ao outro lado da "praça" animados com as conquistas. Ou seja, cumprimos os objetivos propostos, porém, por um caminho cocriado que permitiu a aprendizagem significativa.

A Alegoria do Jardim respeita os anseios e desejos do grupo, sem perder de vista o objetivo do processo de aprendizagem e as expectativas da empresa contratante. O grupo continua no mesmo jardim, porém, escolheu um caminho diferente para percorrê-lo.

Sistema vivo, líquido e poroso

> “Esvazie sua mente de modelos,
> formas, seja amorfo como a água.
> Você coloca a água em um copo,
> ela se torna o copo.
> Você coloca a água em uma garrafa,
> ela se torna a garrafa.
> Você a coloca em uma chaleira,
> ela se torna a chaleira.
> A água pode fluir (...).
> Seja água, meu amigo.”

Bruce Lee

O Fluxo da Facilitação está imerso num sistema vivo, líquido e poroso, onde há troca entre as partes o tempo todo. Esse sistema é composto por inúmeras variáveis, como o contexto ou meio externo ao negócio (político, econômico, social, ambiental etc.) e o meio interno (políticas da empresa, normas de conduta, produtos e serviços, processos, perfil profissional das lideranças e equipes, saúde financeira etc).

Assim, a sala de aula não é uma solitária. A porta está fechada, mas as paredes são porosas. As pessoas estão conectadas com o meio, alertas ao que acontece do lado de fora. Já vivi situação em que a notícia — vinda de fora — da alta do dólar influenciou diretamente o caminho que o grupo estava seguindo no processo de aprendizagem. A troca de dentro para fora e de fora para dentro é constante, é cíclica e não deixa de ser um fluxo.

Causa e Efeito

A dinâmica de uma empresa pode ser representada por um movimento de causa e efeito. Desse modo, uma série de questões internas e externas ao negócio são agentes causais para o sistema que abriga a companhia. Por exemplo, quando há uma crise econômica no país, normalmente, dependendo do setor, há uma retração no consumo. Esse desequilíbrio externo pode causar diminuição na produção. Assim, hipoteticamente, podemos ter a seguinte leitura sobre causa e efeito:

Causa = diminuição da produção
Efeito = demissões

Esse mesmo efeito pode gerar novas causas, como estresse, problemas trabalhistas, saúde financeira abalada etc. Isso é a prova de que o Sistema no qual as empresas estão inseridas é vivo. O sociólogo Zygmunt Bauman faz uma contribuição na sua discussão sobre o mundo líquido que pode nos ajudar nesse instante. Ele diz: "Houve um tempo em que conceitos eram sólidos. Ideias, ideologias, relações, blocos de pensamento moldando a realidade e a interação entre as pessoas. O século 20, com suas conquistas tecnológicas, embates políticos e guerras, viu o apogeu e o declínio desse mundo sólido. A pós-modernidade trouxe com ela a fluidez do líquido, ignorando divisões e barreiras, assumindo formas, ocupando espaços, diluindo certezas, crenças e práticas".

É nesse sistema vivo e líquido que as empresas contratam uma consultoria de educação corporativa. Normalmente, isso acontece em resposta à uma causa diagnosticada pelo RH, como no caso de haver uma expansão do negócio e, consequentemente, a necessidade de formar novos líderes. A escolha de um programa de desenvolvimento pode resultar em inúmeros efeitos (motivação do time, compreensão do papel de cada integrante, fortalecimento da equipe, resultados financeiros etc.) — a falta de resultados do processo de aprendizagem também é um possível efeito.

Para entender esses efeitos, acreditamos na necessidade de identificar quais são os filtros, ou seja, indicadores dos efeitos, das reações geradas pelo processo. Alguns exemplos de filtros para o caso já exemplificado: melhoria ou não da sinergia entre áreas, qualidade dos projetos desenhados e executados, resultados comerciais, inovação em produtos e/ou serviços, retenção de líderes, aderência ao propósito do negócio.

O resultado dos filtros gera novas causas, que, por sua vez, podem ou não gerar novas demandas de aprendizagem formais. Há causas que podem resultar, por exemplo, na aquisição de novos equipamentos, contratação de pessoas ou busca de financiamento.

Acredito que a cada momento desse sistema vivo seja possível utilizar o fluxo da facilitação, à medida que ele pressupõe cocriação o tempo todo. Assim, podemos ter um melhor sistema ao longo do tempo, com maior engajamento daqueles que compõem o sistema.

Uma inspiração para o Fluxo da Facilitação é o modelo Caórdico. O conceito foi criado por Dee Hock, fundador e primeiro CEO da Visa Internacional. O caórdico resulta da interseção entre o caos e a ordem. É na essência um espaço proativo, em que não se sabe *a priori* o que vai ocorrer, aberto à diversidade, à capacidade de auto-organização, à coragem para a inovação e a criatividade. O caórdico é um espaço no qual se aproveita a sabedoria e a inteligência coletiva, um espaço de liderança participativa e de inovação. É vivo, fluido e dinâmico.

"Não há a menor dúvida em minha mente que caórdicos nós somos, caórdicos nós vamos permanecer, caórdico o mundo é e caórdicas as nossas instituições têm de se tornar. É o caminho da vida desde o começo do tempo e o único caminho para um mundo sustentável nos séculos por vir, enquanto a vida continua a evoluir para uma sempre crescente complexidade."

Dee Hock,
fundador do cartão Visa
e do modelo caórdico

A seguir, um infográfico que ilustra esse sistema vivo, líquido e poroso.

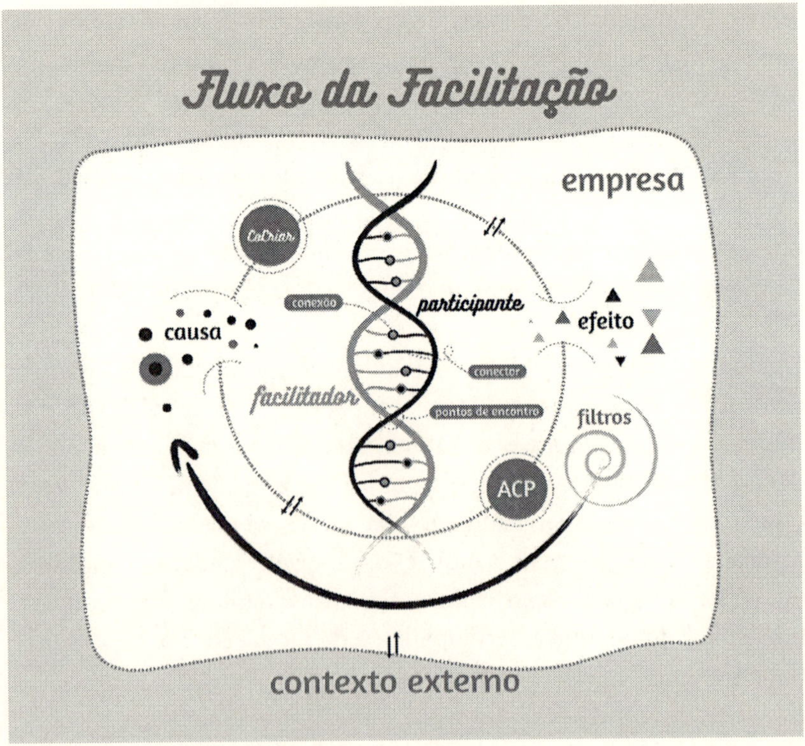

Canvas para a Facilitação ACP

O Canvas é uma ferramenta prática e versátil que permite enxergar todos os aspectos fundamentais para a construção de uma jornada de facilitação pela Abordagem Centrada na Pessoa. Todas as informações ficam expostas em uma única página.

O Canvas é composto por oito quadros subdivididos que, juntos, cobrem as principais áreas para a construção de um processo de facilitação ACP. São elas:

- Cliente
- Escuta
- Facilitador
- Fluxo da Facilitação
- Resultados
- Recursos
- Logística
- Propósito

Esse recurso poderá guiar qualquer facilitador e consultoria na construção de uma jornada de aprendizagem ACP.

A seguir, segue o quadro detalhado, com as perguntas e explicações que apoiaram o facilitador na construção do processo de facilitação.

Como preencher o CANVAS da Facilitação ACP?

Uma sugestão para preencher o Canvas é imprimir em folha A3, afixar na parede, reunir uma equipe diversa, usar *post-its*, abusar da colaboração e se jogar!

Outra ideia é cocriar o Canvas para sua empresa/realidade com base nesse modelo.

Canvas da Facilitação pela ACP

CLIENTE

Qual a empresa?
Qual o público alvo?
Qual a área de negócios?
Quantos participantes?

Quais as potências/forças da cultura organizacional?

FACILITADOR

O que sei?

O que preciso saber?

Quem poderá colaborar no processo?

ESCUTA

Quais as potências/forças das pessoas e do grupo?

Quais as principais necessidades?

Como os participantes do processo aprendem?

RECURSOS

Metodologia, ferramentas e materiais

FLUXO DA FACILITAÇÃO

Qual será a jornada
de aprendizagem?
(construção coletiva
facilitador + grupo)

RESULTADOS

Quais os
resultados possiveis?

PROPÓSITO

Qual o significado
de aprendizagem?
Qual a razão dele existir?

LOGÍSTICA

Presencial ou online?
Data e horário?
Duração do processo?
Quais são os contatos?

Quais as estruturas
necessárias?
(flip, projetos, mesas, links etc)

Compreensão em Primeiro Lugar

Nos últimos anos, tenho vivido experiências interessantes sobre o processo de facilitação no mundo corporativo. E muitas dessas vivências começam no primeiro contato entre a Syntese e o cliente.

Normalmente, tenho escutado dos RHs as necessidades das áreas que eles atendem internamente na empresa. E repetidamente questiono se esta é uma perspectiva apenas deles, ou se ouviram aqueles que acreditam precisar vivenciar o processo de aprendizagem. A resposta normalmente é que é uma percepção do RH, em alguns casos baseada em algum tipo de pesquisa, como clima ou questionários.

Outro dia, visitei uma empresa que trouxe uma demanda que tem sido quase um modismo no mundo corporativo. Vou tentar reproduzir o diálogo abaixo, utilizando nomes fictícios.

A conversa tem a presença de dois facilitadores da Syntese e duas pessoas da empresa, Joaquina, assistente de RH, e Tereza, uma gestora importante do RH.

A gestora que começa o diálogo, após um quebra-gelo, ela diz algo mais ou menos assim: "Chamei vocês aqui porque precisamos desenvolver os nossos gerentes para que eles sejam mais protagonistas e autônomos".

Daí pergunto: "O que você entende sobre protagonismo e autonomia?"

As duas se entreolham. É possível ver um leve sorriso no rosto de cada uma delas, até que Tereza assume a frente e diz: "Eles precisam agir como donos, são muito passivos aos problemas. Na verdade, parecem só reagir. Só atuam sob pressão. E, com a empresa na velocidade que está, precisamos que eles se coloquem à frente dos desafios e ajam!", afirma categoricamente, e continua: "A companhia vem exigindo cada dia melhor *performance* e mais resultados. E eles são peça chave nesse desempenho", concluindo enfaticamente.

Pergunto, calmamente: "Qual a visão de futuro da empresa?"

Tereza responde: "Na verdade, este é um grande desafio aqui, a alta gestão não tem deixado muito claro o rumo do negócio. Mas, como somos uma empresa que muda muito rápido, sabemos que estamos crescendo, e não há tempo a perder", concluindo quase sem ar.

"Entendi", respondo. E continuo: "Frente a esses desafios. Você pensa em quais caminhos?"

"Como disse, pretendo fazer um evento para que eles entendam a importância de serem protagonistas e autônomos no momento atual do negócio. Pensei num encontro às 8h, que poderia ser bem dinâmico, muitas atividades. Talvez o diretor executivo passe por lá e faça a abertura, para dar um gás na turma. Acho que no final eles têm de sair com um plano de ação", diz Tereza sorridente.

Joaquina apenas acena com a cabeça, como que concordando com aquela solução. Daí, pergunto: "Você já pensou em convidar os gerentes para ouvi-los e entender de fato quais são os desafios deles como líderes?", e, continuo animado: "Como você disse, quer que eles sejam protagonistas e autônomos. Assim, não seria interessante que eles também estivessem à frente do próprio processo de aprendizagem, sem que alguém definisse o que é bom para eles. Creio que esse processo poderia ser feito com eles e não para eles. Isso poderia aumentar a eficácia do processo, e talvez a gente descubra que o caminho não seja apenas treinamento, podem ser muitas outras coisas", encerro minha fala aguardando a percepção delas. E ouço apenas silêncio, que ecoa pela sala, sendo possível ouvir nesse instante até o tilintar de uma colher que insiste em mexer um café na sala ao lado.

Após alguns instantes, Tereza responde calmamente: "Como poderíamos fazer isso?".
Daí sugiro: "O que acha de convidar algumas pessoas para uma sessão de *action learning*? Seria uma forma estruturada de ouvir o grupo e entender dores e oportunidades".
A conversa caminha e decidimos testar esse caminho.

Dias depois vivemos a experiência com os gerentes e o resultado surpreende o RH, pois amplia a visão do grupo. E o grupo agradece entusiasticamente a possibilidade de ser OUVIDO.

Os resultados desse encontro nos apoiou numa reunião de cocriação, em que a empresa decidiu não apenas investir em processos mais curtos (microaprendizagem ou pílulas de conteúdo), mas também em um guia *online* interno que apoiará os líderes com os subsistemas de RH (Como recrutar? Demitir? Dar aumento? Etc.). Além disso, ficou clara a necessidade de envolver e ouvir a direção quanto aos rumos do negócio, aprimorando os processos de comunicação, por exemplo.

Conto essa história para fortalecer aquilo que acredito para o processo de facilitação. E que temos definido aqui na Syntese da seguinte forma:

1.ª fase COMPREENSÃO - acreditamos que é bastante difícil evoluir num processo de aprendizagem significativa sem ouvir profundamente os envolvidos e sem convidá-los para serem agentes importantes no seu desenvolvimento.
Essa fase pode ser desenhada utilizando algumas das metodologias que apresentarei neste livro, como *Action learning* ou alguma estrutura libertadora, desde que apoiadas no jeito de ser ACP.

2.ª fase COCRIAÇÃO - neste instante reunimos — normalmente — RH e Syntese para desenhar as soluções com base nos resultados da fase 1. As soluções são inúmeras, e nem todas são treinamento. O importante é ajudar a empresa a encontrar o seu melhor caminho. Outro dia ouvi a seguinte pergunta: "Eu quero comprar treinamento e você não quer vender?". Daí respondi que para aquela necessidade o treinamento parecia uma bala de prata que mataria todos os problemas num tiro apenas, e isso não era real. Primeiro, que o treinamento encarado como evento já é um problema, entendo que educação é processo. Por fim, numa empresa onde há sérios problemas de comunicação, alinhamento, processos e dúvidas nos papéis e responsabilidades, para citar apenas esses pontos, não sei se o início é um treinamento do tipo evento. Não é mais poderoso entender como um caminho de aprendizagem, inclusive na caminhada para solucionar os problemas.

3.ª fase AÇÕES - quais serão as ações e as decisões tomadas com base nas fases anteriores? Neste instante, cabe desenhar e organizar cada etapa, entendendo que ela é viva e pode se transformar ao longo do caminho — é o fluxo da facilitação na prática.

> **“O caminho se faz caminhando”**
>
> *Paulo Freire*

Apoio e Observação do(a) FACILITADOR(A)

A Syntese possui uma área de apoio ao(à) facilitador(a). No final deste livro (ANEXO 1), você terá um roteiro que utilizamos como apoio para a análise da Facilitação (pode copiar e melhorar). É um jeito que encontramos para ajudar a jornada de aprendizagem daqueles que facilitam os processos.

Entre os pontos que observamos e apoiamos os facilitadores, estão os descritores a seguir:

Descritores das Posturas Facilitadoras

Didática-Facilitação

A) O participante é o centro do processo de aprendizagem.

B) O facilitador convida e apoia o grupo na ressignificação de ideias, ajudando a tecer e ampliar sua rede de conhecimentos.

C) O facilitador desenvolve mecanismos de facilitação por meio da elaboração de perguntas poderosas (que levem o outro a uma ação ou reflexão).

D) Constrói coletivamente o sentido: constrói pontes, articula, mantém ativas as conexões.

E) Capacidade de Syntese: clareza, concisão, organização, proporção.

F) Entende a experiência dos participantes (exercita a alegoria do jardim).

Repertório-Preparação

A) Acessa o seu conjunto de conhecimentos multidisciplinares: acadêmicos (formação, capacitação técnica, literatura) e tácitos (experiências profissionais, experiências pessoais), colocando-os como um recurso para o grupo.

B) Utilização de exemplos adequados à realidade local e à realidade da empresa.

C) Constrói coletivamente o conhecimento; elabora perguntas com adequação de conteúdos.

D) Conhece a experiência do cliente (jardim), a cultura local, as competências do cliente, os *gaps*.

Postura

A) Sensibilidade para perceber o ambiente.

B) Aceitação do outro como ele é: não julgamento.

C) Estilo de comunicação: adequação da linguagem falada e escrita ao público-alvo. Capacidade de ser compreendido.

D) Aspectos de tom de voz, gestos, movimentos, energia, vigor etc.

E) Postura ética. Respeitando a diversidade do grupo (ideias, gênero, opiniões, diferenças etc.) e a cultura da empresa.

Capítulo 6

Facilitação: Metodologias e Estruturas

> "Considera-se a si mesmo como um recurso flexível a ser utilizado pelo grupo."
>
> *Carl Rogers*

Pensar nos recursos didáticos que apoiam a criação das condições de aprendizagem para o grupo é uma tarefa essencial do facilitador. A escolha de um recurso pressupõe uma análise sobre a demanda do processo de aprendizagem, as características dos participantes, a **Alegoria do Jardim** e o **Fluxo da Facilitação**. Qualquer recurso utilizado não pode ser maior ou mais importante que o grupo.

Imaginem que os recursos são como alimentos dentro de uma geladeira. Se temos em casa uma geladeira apenas com ovo faremos, então ovo frito ou cozido para comer, já que é o único recurso disponível. Agora, se a geladeira estiver cheia, com ovo, tomate, hambúrguer, queijo, alface, presunto, maionese, mostarda, podemos fazer um delicioso cheese salada. Assim, entendo que o facilitador oferece parte dos ingredientes da geladeira. Ele sugere mais opções para que o participante faça suas escolhas e possa, por conta própria, decidir qual refeição quer ter.

O professor da disciplina de Máquinas Agrícolas, Paulo Arbex, da FCA UNESP Botucatu, e já citado neste livro, fez uma contribuição sobre um recurso didático que ele tem utilizado na Universidade. Ele conta que houve uma grande mudança no perfil dos alunos, muitos são das capitais, com pouca vivência prática no campo. Além disso, a tecnologia invadiu as salas de aula. Provavelmente, não existe um aluno sem celular, ou seja, estão conectados com o mundo o tempo todo, inclusive durante a aula.

Segundo Arbex, muitos professores veem essa tecnologia como um concorrente, algo que afasta o aluno do conteúdo das aulas. Já ele, decidiu fazer do *smartphone* um aliado do processo de aprendizagem. Há pouco tempo, descobriu o *site* "KaHoot", que permite ao professor preparar testes para aplicar nos alunos.

Antes da aula, ele prepara o teste com o conteúdo que vai abordar. No final da aula, realiza uma gincana. Arbex pede que os alunos formem duplas e entrem no *site* para criar um *nickname*. O jogo começa assim que todas as duplas se inscreveram. Então, o professor projeta o teste no quadro e os times começam a responder às questões relacionadas à aula o mais rápido possível. Quem acertar, ganha pontos. Quem acerta mais rápido, ganha mais pontos.

"Nas últimas perguntas do teste, a classe já está pegando fogo", diverte-se. Segundo ele, o método ajudou a aumentar o envolvimento dos alunos menos participativos. "Os alunos estão cansados de aulas somente expositivas. Quando você mostra alguma coisa diferente, eles vibram", empolga-se. Arbex não abre mão das aulas práticas. Faz questão de tirar os alunos da sala de aula para sentarem nos tratores e ligarem o motor. "Acredite, isso é uma realização para eles!", conta o professor, animado com o alto nível de engajamento nas turmas.

Arbex colocou a Alegoria do Jardim em prática ao escolher o recurso didático mais adequado à sua audiência. Construiu uma trilha aderente à geração Y que compõe sua turma de alunos na graduação. São inúmeras as possibilidade de recursos didáticos que podem ser empregados em um processo de aprendizagem. Não tenho a pretensão de fazer um especial sobre eles neste livro, mas listei aqueles que utilizamos na Syntese e que nos ajudam a facilitar o caminho.

Ciclo de Aprendizagem Vivencial (CAV)

Antes de abordar especificamente os recursos didáticos, vale uma breve explanação sobre o Ciclo de Aprendizagem Vivencial. Ele é um processo estruturado de processamento e elaboração de vivências aplicadas em grupos (normalmente fruto da utilização de algum recurso didático) no contexto do desenvolvimento de pessoas. Ele é um tipo de debriefing, o que corresponde a uma forma de debater e organizar aquilo que foi vivido e aprendido. Nem todo *debriefing* é um CAV, pois depende do tipo de atividade e do nível de mobilização que ocorreu no grupo.

Segundo o educador Nistal, a emoção causada pela experiência de aprendizagem aumenta a possibilidade de fixação e retenção do conteúdo na memória. "As dinâmicas de grupo em processos de aprendizagem, quando aplicadas adequadamente, mobilizam conteúdos emocionais potentes e facilitam a compreensão dos objetivos de aprendizagem do encontro. Porém, mobilizar emoções não garante aprendizagem. É preciso nomear essas emoções, entender como elas afetam os aprendizados no aqui a agora e traçar paralelos com o dia a dia. Esta é a força do Ciclo de Aprendizagem Vivencial".

Costumamos adotar na Syntese uma adaptação do CAV, criado por David Kolb. Trata-se de um método que possibilita a reflexão sobre a atividade na busca de um aprendizado mais efetivo. São quatro etapas básicas do CAV: vivência, processamento, generalização e aplicação. O facilitador ajuda a criar, por meio dessa estrutura, um ambiente seguro de debate e reflexão, aumentando as possibilidades para uma aprendizagem significativa.

A primeira etapa, a vivência da atividade, é costumeiramente lúdica, como um jogo, por exemplo. Normalmente, são atividades que mobilizam muito as emoções, o que exige, ao final, um momento reservado para nomear e organizar o aprendizado.

Assim, avançamos para a fase do processamento, na qual os participantes organizam as sensações vividas e percebidas ao longo da atividade (transpiração excessiva, calor, frio, tremedeira etc.), além de refletirem, discutirem e apresentarem os sentimentos ou emoções (alegria, tristeza, raiva, medo etc.). "O facilitador deve ter a habilidade de revelar a importância dos sentimentos e sensações no processo de aprendizagem, proporcionando ao grupo um momento de autoconhecimento e reflexão", afirma Nistal.

A generalização é a etapa seguinte do ciclo. Nela, o facilitador estimula o grupo a pensar naquilo que foi positivo, negativo ou não funcionou ao longo da atividade. Por fim, entramos na aplicação. Nesse instante, os participantes fazem correlações com o dia a dia na empresa, com a vida real, com o concreto.

Tenho percebido que esse caminho, aparentemente simples, raramente é bem executado em sala de aula. Acontece muito de o facilitador atropelar etapas. Muitas vezes, ignora a energia e o esforço despendidos pelo grupo, dedicando pouco tempo à organização daquilo que foi mobilizado emocionalmente e aprendido.

Quando bem executado, o CAV torna-se um caminho mágico, repleto de descobertas, sendo essencial para a construção do processo de aprendizagem significativa. Quando o facilitador segue o fluxo proposto pelo CAV de um jeito ACP, há grandes chances de a vivência do grupo ganhar contornos. Obviamente, cada participante encontrará o seu caminho. Já vi conexões importantes surgirem nesse momento. Muitas vezes, é nesse instante, por exemplo, que os líderes exercitam e compreendem, empaticamente, suas equipes, pois organizam a experiência vivida, dando significado, sentido e concretude às suas emoções e atuação como gestor. Outro dia, durante o CAV que aconteceu após o grupo vivenciar um jogo que envolvia uma situação de hierarquia bastante marcada e com restrição na comunicação, um gestor disse: "Estou imaginando a dor do meu liderado. Deixo ele isolado, sem informações, sem apoio e exijo que dê resultados. Como foi importante entender isso. Nunca mais repetirei isso com a minha equipe".

Action Learning

Esse método chegou à Syntese em 2016, quando fizemos uma degustação com a própria Luciana Rovegno, já citada neste livro e Action Learning Coach formada pelo WIAL - World Institute for Action Learning, organização responsável pela certificação em *Action Learning*. Ao entender que a base da postura do *coach* de *Action Learning* é a Abordagem Centrada na Pessoa, fui atrás da certificação.

Nesse processo, o *coach* deve acreditar, incondicionalmente, na capacidade do grupo de encontrar a melhor solução naquele momento, mantendo-se no papel de guardião do processo. O grupo é soberano na solução e no encaminhamento das ações definidas. O único papel do *coach* é facilitar a aprendizagem do indivíduo, da equipe e da organização.

O *Action Learning* é totalmente baseado em perguntas feitas entre os participantes e com o objetivo de solucionar um determinado problema proposto por um dos integrantes do grupo. Helena Miyahara, minha amiga e presidente do WIAL Brasil, explica que o método está muito alinhado com o contexto VUCA (Volátil, Incerto, Complexo, Ambíguo), muito visto hoje no mundo corporativo e nas relações de forma geral. "É uma metodologia que traz agilidade na resolução de problema (uma reunião dura cerca de 90 minutos), aproveitando o saber instalado em todos os participantes, tornando-os protagonistas e cocriadores das soluções. Enfatiza a importância da pergunta e não de declaração de saberes, criando a possibilidade de recriar as afirmações fundamentadas na colaboração do outro", esclarece.

Os participantes refletem e aprendem com experiências individuais e coletivas, o que lhes permite perceber como seus pressupostos, crenças, atitudes, preferências e interesses influenciam suas emoções, pensamento e ações. Segundo Helena, o engajamento, o questionamento produtivo e o empoderamento passam a ser naturais entre todos, favorecendo a inovação. As equipes se fortalecem e o protagonismo dos colaboradores se desenvolve. O conhecimento, principalmente o tácito, é compartilhado e enriquecido e os traços culturais podem ser reforçados ou modificados.

Para Luciana, "a experiência de um grupo de *Action Learning* cria mentalidade aberta à mudança contínua, dando condição às organizações e seus líderes de se adaptarem, aprenderem e inovarem com sucesso". Os elementos necessários para que uma reunião de *Action Learning* aconteça são:

Problema

O problema inicia uma reunião de *Action Learning*. Ao convidar os participantes para compartilharem problemas reais, urgentes e importantes, o *Action Learning* dá foco ao que querem aprender, criando condições para que conhecimentos armazenados e experiências vividas sejam o trampolim para a geração de novos conhecimentos.

Grupo

O saber instalado no grupo é fator fundamental para encontrar soluções criativas ao problema apresentado. Quanto mais diverso o grupo de participantes, melhores serão as condições para exploração de vários pontos de vista, o que possibilitará que a solução encontrada seja muito mais completa e assertiva.

Perguntas

Em *Action Learning*, a ferramenta de trabalho são as perguntas. Elas liberam o potencial criativo dos participantes. Quanto mais genuínas e abertas forem as perguntas (perguntas sem uma hipótese ou julgamento prévio), mais oportunidade de aprendizagem para todos.

Plano de ação

Aprender e agir são complementares. Portanto, toda reunião termina com um plano de ação viável. A resultante da ação é um importante retroalimentador do processo de solução do problema.

Aprendizagem

A resolução do problema central não é mais importante que a aprendizagem de indivíduos, grupos e organizações. Os participantes de *Action Learning* praticam escuta ativa, pensamento divergente, abertura para novos pontos de vista, entre várias outras competências relevantes. A empatia é um dos subprodutos do processo e ainda traz o benefício de facilitar o trabalho em equipe.

Coach

É o profissional, devidamente certificado pelo WIAL, que conduzirá a reunião, facilitando o processo e sendo o guardião da metodologia. Ele atua fazendo perguntas, acreditando que o grupo é capaz de encontrar a melhor solução.

Já utilizamos o *Action Learning* algumas vezes aqui na Syntese e percebi resultados consideráveis. Acho que vale contar uma história vivida num cliente agrícola. Foi com os membros do RH da empresa Trebeschi Tomates, uma das maiores empresas produtoras desse alimento, localizada em Araguari/MG, além de outras duas unidades de negócio na região Sul e Nordeste do Brasil. Nos períodos de safra, a empresa chega a ter 1.500 funcionários no seu quadro.

O projeto *Action Learning* na Trebeschi fez parte de um ciclo de desenvolvimento do time. Em um dos encontros, foi apresentado o seguinte problema por uma participante: "Quero ir embora da empresa porque não aguento mais meu chefe e o clima pesado".

Assim, fundamentado na apresentação dos problemas, iniciou-se o processo de *Action Learning* que está dividido em fases, sendo que a primeira foca explorar o problema. E foi isso que o grupo fez, sempre baseado em perguntas — esta é uma das regras: afirmações somente em respostas a perguntas. E todos podem perguntar a todos. Desse modo, após 20 minutos de discussão, o grupo chegou ao seguinte consenso com relação ao problema proposto: "Não sei lidar com as minhas emoções". Percebe-se, nessa nova afirmação, como o problema mudou de patamar à medida que foi sendo explorado, o que já comprova o efeito positivo do *Action Learning*.

É importante dizer que a participante que trouxe o problema ficou muito emocionada ao longo do processo, chorou demais, percebeu muitas questões que a afligiam. Foi impressionante a nova perspectiva que se abriu com relação ao problema e a sua solução durante a evolução do processo.

Ao final da fase "solução", a participante disse que foi ajudada porque chegou no início da reunião com a decisão de sair da empresa. Depois, percebeu que o problema central não era o local onde trabalhava, mas o seu modo de ver a área e a vida. Um mês após esse encontro, conversei, individualmente, com ela e soube que havia recebido uma oportunidade em outro setor da empresa e estava muito feliz.

Modelos Ágeis e o Manifesto Ágil

Esse pequeno, mas importante capítulo sobre modelos ágeis, foi escrito pela facilitadora Helena Miyahara. Ela tem vasta experiência no tema, e hoje é apoiadora importante dos projetos que são sustentados nesse modelo.

Na gestão, assim como todos os movimentos da humanidade, acontece numa sequência de pequenos fatos, de forma incremental, na maioria das vezes, respeitando um processo de melhoria contínua. No entanto, às vezes surgem ideias que respondem prontamente aos anseios que estão postos no sistema de desejos e crenças de um grupo, provocando mudanças que questionam muito o modus operandi estabelecido.

Podemos dizer que o manifesto ágil, que foi formulado nos anos 2001 por um grupo de profissionais da área da Tecnologia da Informação que questionavam a forma como faziam a gestão de seus projetos, é um dessas ideias que trazem uma disrupção do status quo vigente.

O Manifesto Ágil é resultante de uma reflexão que foi ao encontro das práticas mais comuns da época, como os modelos conhecidos como *Water Fall*, PMI ou PMBok, que têm como pontos críticos o escopo engessado no começo do projeto e o desperdício de funcionalidades, pois estas são definidas quando o cliente ainda tem muita dúvida. Além disso, as entregas são lentas e falta transparência no projeto. No modelo *Water Fall,* a interação com o cliente se dá de forma esporádica, sem envolvê-lo durante o desenvolvimento do projeto. Todas essas características aumentam muito o desperdício de esforço, tempo e dinheiro quando projetos são desenvolvidos dentro dessa metodologia.

O Manifesto, da forma como foi definida, faz contraponto a todos esses pontos críticos do modelo anterior. Ele acredita que:

- Indivíduos e interações mais que processos e ferramentas — privilegia-se a pessoa e a interação entre elas como um fator determinante para o sucesso da entrega. Aqui, fala-se de interação entre pessoas da equipe e cliente, que está muito mais presente durante o desenvolvimento do projeto. Trabalha-se com e para ele, o cliente. Estimula-se as conversas objetivas e frequentes que geram ajustes de comportamento, de escopo, de mudanças que acontecem pelo fato de que em contextos VUCA a mudança é a única certeza. E acontece muito rápido.

- *Software* em funcionamento mais que documentação abrangente — o principal objetivo do desenvolvimento é criar *software* e não documentos. O cliente ficará mais satisfeito e ajudará a criar um produto incrível, se for experimentando funcionalidades que são entregues em prazos mais curtos, para que vá experimentando e fazendo "ajuste de rotas" necessário para atender às necessidades do negócio.

- Colaboração com o cliente mais que negociação de contratos — o cliente é quem sabe do que ele precisa, mas nem sempre ele sabe especificar adequadamente. Então tê-lo sempre próximo, participando das etapas de desenvolvimento do produto trazendo todos os ajustes e mudanças necessárias pode se constituir uma colaboração preciosa para o resultado final. Lembre-se de que trabalhamos para e com o cliente. Ele não pode e não deve ser surpreendido no final, pois isso aumenta o risco de entregar algo absolutamente desajustado, inadequado, inútil. Esta é uma crença poderosa dos modelos ágeis.

- Responder a mudanças mais que seguir um plano — abertura para mudança, para novas ideias, para novas funcionalidades. Um plano de projeto deve ter espaço para mudar, conforme a situação, a necessidade muda. Se não houver isso, o risco de ser disfuncional, e portanto inútil, cresce muito.

Esses princípios mudaram a forma de a área de TI trabalhar. E o mais incrível é que isso transbordou da área de TI e hoje está afetando todas as áreas das organizações.

Esses princípios falam da importância das pessoas, da relação entre elas. Diferentemente da época da administração científica de Taylor, em que as tarefas eram divididas em pequenas partes e o trabalho era repetitivo e monótono, criando a expressão "mão de obra", como se as pessoas fossem somente as mão sem sentimento, pensamento. Um trabalho que levava à alienação do indivíduo, à desconexão com o sentido do trabalho produzido, gerando vazio de sentido. Esse modelo ainda está muito presente no modelo mental de muitos profissionais, gestores e empreendedores.

O Manifesto Ágil traz ao centro o indivíduo, com toda a sua capacidade de criar, adaptar, envolver-se e protagonizar, como na Abordagem Centrada na Pessoa que tem a crença na Tendência Atualizante em que todos os seres vivos buscam encontrar a melhor resposta, a que faça mais sentido para aquele momento que está vivendo.

As Organizações em geral terão o desafio de lidar com toda a diversidade que acontece quando os indivíduos podem expressar a sua unicidade, colhendo a beleza de ter pessoas mais criativas, encorajadas e o tão propalado protagonismo. Para isso, deverão repensar suas estruturas de poder, hierarquias rígidas, processos prescritivos, estimulando a interação entre as pessoas baseada em empatia, aceitação incondicional e congruência, criando organizações que sejam com e para as pessoas.

O modelo ágil e o manifesto ágil não apoiarão nenhuma transformação nas organizações, caso eles não mudem o seu jeito de pensar e agir.

Gamificação

por Rafael Saraceni, Fundador e CEO da Lira Edu

Gamificação é um termo que está na moda hoje em dia, assim como a transformação digital esteve até pouco tempo atrás. Assim como aconteceu com a transformação digital, várias empresas afirmam dominar o conceito e colocá-lo em prática, mas poucas realmente têm resultados reais. Isso acontece porque implementar uma estratégia, tanto de gamificação quanto de transformação digital, exige muito conhecimento prático, domínio de uma metodologia adequada e mudança de mentalidade, algo que a maioria das empresas e profissionais acaba deixando de lado ou subestimando quando vai implantar em algum projeto.

Um conceito muito difundido de gamificação é o de que se trata da inserção de elementos de jogos em contextos que não são de jogos. Esse conceito exemplifica apenas a ponta do *iceberg* e dá margens para interpretações de que basta colocar um sistema de pontos, um *ranking* e medalhas em um processo ou projeto para que ele esteja "gamificado". Na realidade, a gamificação surgiu do *design* comportamental, que nada mais é do que utilizar o *design* como forma de influenciar o comportamento das pessoas (parêntesis do Alexandre Moreno "o *design* comportamental é a alegoria do jardim").

Um dos maiores *cases* de gamificação é o do aplicativo Duolingo. Hoje, ele é o maior aplicativo de educação do mundo com mais de um bilhão de usuários. O aplicativo utiliza elementos de jogos para ensinar línguas (inglês, italiano, espanhol, etc.), mas até aí nenhuma novidade. O seu grande diferencial é a maneira como ele retém seus usuários fazendo com que eles pratiquem quase diariamente, o que é algo essencial para garantir o aprendizado de uma língua nova. O comportamento esperado que o aplicativo busca influenciar nos seus usuários é o de que eles entrem pelo menos uma vez por dia e pratiquem pelo menos dez minutos, para que se crie o hábito de estudar diariamente no aplicativo. Eles utilizam notificações, lembretes por meio de e-mails e competições entre usuários para mantê-los engajados em suas metas, que são diferentes para cada usuário, de treinamento da língua escolhida.

Um dos maiores exemplos de gamificação em grandes empresas é o das milhas aéreas. O objetivo era claro: fidelizar clientes em uma determinada companhia aérea. Quanto mais ele voava, mais milhas ele acumulava para poder obter descontos em passagens. Os resultados foram tão bons que esses programas passaram a oferecer outros tipos de benefícios: o cliente que viajava mais, passava a ter acesso a áreas *vips* dentro dos aeroportos, prioridade no embarque (o famoso tapete vermelho) e passava a enxergar como uma forma de *status* fazer parte desse clube seleto de pessoas com tais benefícios. Era um cliente que não só estava fidelizado, como também se sentia parte de algo maior e se sentia especial por ter tantos benefícios.

O objetivo de uma boa estratégia de gamificação é sempre mudar ou recompensar um determinado comportamento de um colaborador, parceiro ou cliente, que vai trazer resultados positivos para a empresa. Existem empresas que resolveram problemas de dificuldade de contratação de mão de obra qualificada por meio de um programa no qual um colaborador, que indica uma pessoa que passa no processo seletivo da empresa, recebe uma bonificação em dinheiro. Isso faz com que os colaboradores busquem em sua rede de contatos bons profissionais a quem nem sempre a empresa teria acesso, facilitando assim o processo de contratação. Algo que o colaborador não faria sem esse "empurrãozinho" extra.

Uma das áreas que mais se beneficia de estratégias de gamificação é a área de recursos humanos, principalmente na parte de treinamento e retenção de talentos. Trabalhei em grandes empresas tradicionais e sempre tinha aquele treinamento *online* que precisava fazer, seja de PDCA, *compliance* ou algum outro tema que era empurrado para todos os novos colaboradores sem ao menos uma explicação do real motivo de se fazê-los, apenas que era a regra da empresa. A transparência é um dos principais pilares de uma boa estratégia de gamificação: o porquê de se realizar uma determinada tarefa, qual o resultado obtido ao realizá-la e como ela se aplica na rotina de trabalho.

Isso ocorre também na hora de definir a trilha de desenvolvimento de um colaborador. Está claro para os colaboradores da sua empresa quais são os próximos passos para eles subirem de cargo? O que é esperado de um colaborador hoje, quais os resultados e habilidades que ele precisa desenvolver para ser promovido? Se você entra em uma empresa e não consegue enxergar uma trilha de crescimento e nem está claro o que se espera de você, como você vai saber que outra pessoa foi promovida por ter desenvolvido certas habilidades e mostrado resultados, e não por critérios arbitrários de seu supervisor? Uma das maiores causas de perda de talentos é a falta de transparência nos processos de promoção e trilha de carreira.

Em uma boa estratégia de gamificação, a pessoa recebe *feedback* de suas ações ou comportamento e dos resultados de forma direta e transparente. Isso é essencial para manter a motivação e engajamento, além de fornecer um meio de comparar o que era esperado com o que foi de fato feito e o que pode ser melhorado.

Existem diversos exemplos de estratégias de gamificação que deram bons resultados para grandes empresas. O que elas têm em comum é que a estratégia foi desenvolvida e implantada tendo sempre a pessoa que seria alvo em mente e quais os resultados desejados, além de métricas claras para saber se foram ou não atingidos. As pessoas alvo de uma estratégia de gamificação podem ser colaboradores (programadores, lideranças da área de *marketing*, gestores da área de TI), clientes (mães, diretores de grandes empresas varejistas, jogadores de futebol amadores) ou parceiros (fornecedores de embalagens plásticas, publicitários de agências de *marketing* digital). O ponto importante é que não adianta generalizar muito no alvo. Assim como em uma boa estratégia de *marketing* digital, o público -alvo precisa estar bem definido, o mesmo ocorre em uma estratégia de gamificação. É necessário entender como a pessoa alvo vai se sentir quando estiver interagindo ou realizando a atividade ou processo gamificado. Como isso afeta o seu comportamento e como ela vai enxergar os resultados de suas ações e como esse *feedback* deve ser retornado para ela.

A gamificação permite a criação de ferramentas poderosas capazes de motivar e engajar pessoas, o seu foco é sempre centralizado na pessoa e deve-se ter cuidado com os resultados de comportamento resultantes da sua estratégia. Hoje, existem pessoas com problemas sérios de vício em redes sociais ou jogos, que ocorreram por causa de estratégias de gamificação que criaram um hábito tão forte nessas pessoas a ponto de tornar-se um vício.

Nas grandes empresas, o resultado das estratégias de gamificação é voltado para aumento da produtividade, engajamento e motivação dos colaboradores, mas o bem-estar do colaborador não pode jamais ser prejudicado como resultado da exposição a essa estratégia.

Após alguns anos trabalhando com gamificação e tecnologia, pude perceber que cada vez mais empresas se beneficiam dessa ferramenta, assim como seus colaboradores. A rotina de trabalho em grandes empresas tem sofrido grandes mudanças e as empresas que não inovarem e adotarem práticas mais modernas em sua rotina operacional, levando em consideração principalmente o bem-estar de seus colaboradores, terão sérios problemas com retenção de talentos, perdendo bons profissionais para os concorrentes.

Gamificação Pé no Chão

Ultimamente, sinto que está acontecendo com a gamificação algo que aconteceu com o *marketing* digital. Vejo muita gente vendendo a gamificação como uma fórmula milagrosa, que por si só é capaz de resolver os mais variados problemas, independentemente do contexto em que se aplica. Muitas pessoas usam o viés de confirmação a seu favor, mostrando vários *cases* de empresas bem-sucedidas que aplicaram estratégias de gamificação e tiveram bons resultados, mas sem aprofundar minimamente nos aspectos que favoreceram esses resultados.

Um exemplo disso foi uma empresa que queria gamificar uma parte da operação dos seus colaboradores porque tinha uma alta taxa de demissão. O profissional contratado para "gamificar" o negócio descobriu que o verdadeiro problema é que os colaboradores não tinham nenhuma perspectiva de crescer dentro da empresa, então acabavam saindo depois de um tempo. Não ia adiantar nada tornar a operação mais divertida ou tentar criar um universo lúdico no contexto deles sem atacar o verdadeiro problema: a falta de perspectiva de crescimento na empresa. Como foi resolvido o problema? Com um plano de carreira. Uma vez que os colaboradores passaram a enxergar o caminho para alcançar um cargo maior e crescer na empresa a taxa de demissão caiu de forma exorbitante.

Isso não quer dizer que gamificação não funciona, apenas que gamificação não faz milagre. Não dá pra querer aplicar em qualquer coisa e esperar resultados sem antes entender o contexto e as pessoas envolvidas. A gamificação tem muito mais a ver com *design* do que com jogos. As pessoas são diferentes. As empresas têm culturas diferentes. É preciso entender que algo que funciona com uma pessoa, ou empresa, não vai necessariamente funcionar com outra. É papel do profissional que trabalha com gamificação identificar onde e como a estratégia pode ser aplicada. Da mesma forma, é papel do gestor entender se sua empresa tem uma cultura adequada para recebê-la e se o contexto das pessoas envolvidas permite implantar de forma eficiente.

Para concluir, gosto sempre de ponderar que gamificação serve para potencializar algo e não para mascarar algum problema. Se você quiser engajar clientes numa campanha de lançamento de um produto, não existe nenhuma estratégia de gamificação que vai funcionar se o produto não cumprir com aquilo que é prometido. Da mesma forma, um colaborador insatisfeito com as suas condições de trabalho não vai se engajar em nenhuma estratégia motivacional enquanto sua situação dentro da empresa não melhorar. Isso é gamificação pé no chão: entender que pessoas insatisfeitas não vão se motivar ou mudar de atitude enquanto o seu contexto de trabalho ou de vida não estiver legal.

Dica: Você encontra no canal da Syntesedh no YouTube o *podcast Syntetizando Ep 29 Gamificação e Microaprendizagem*. Nesse episódio, Alê Moreno conversa com o parceiro da Syntese, Rafael Saraceni, da Lira Edu.

Estrutura que Liberta

Logo após a primeira edição do livro, tive contato mais profundo com as Estruturas Libertadoras. Quem me apresentou foi o Fernando Loureiro, um facilitador que vive no Canadá com sua esposa Carol, uma agrônoma facilitadora.

Quando conversamos pela primeira vez eles fizeram uma grande contribuição para o Canvas da Facilitação ACP, sugerindo a entrada do Propósito, o que aceitei prontamente, visto que faz grande diferença na construção da facilitação.

Desde então vivi duas belíssimas experiências de aprendizagem com essa dupla. Participei do Curso de Estruturas Libertadoras presencial e também *online*, o que me surpreendeu pela praticidade e pelas possibilidades. Daí, aproveitando essa nossa maior proximidade, resolvi convidá-lo para escrever sobre as Estruturas Libertadoras, que possuem nos seus princípios grande alinhamento com a Abordagem Centrada na Pessoa.

Estruturas Libertadoras

por Fernando Loureiro

Em 2015, numa *newsletter* sobre Facilitação, havia uma pequena nota sobre um *workshop* a se realizar em Banff, no Canadá. O nome do *Workshop* me chamou a atenção: Estruturas Libertadoras, Incluindo e Libertando a Todos (*Liberating Structures, Including and Unleashing Everyone*). Curioso, busquei mais informações e encontrei os autores do livro, *The Surprising Power of Liberating Structures*, que compartilham abertamente seu trabalho e apresentam um ousado caminho na facilitação de grupos.

No *site*, Keith McCandless e Henri Lipmanowicz, junto a um crescente grupo de colaboradores, disponibilizam as ferramentas e processos em si — mais de três dezenas de processos e métodos de se trabalhar com grupos — e também inúmeros artigos, casos de sucesso e aplicações práticas em temas como Liderança, Educação e Inovação. Todo o material é gratuito sob a licença *Creative Commons*, o que é outro (grande) tópico à parte. Decidi comprar o livro, pois eles sempre me ajudam tanto a aprofundar o entendimento sobre o conteúdo, quanto a colocar em prática as ideias. Desde então, temos experimentado e discutido essas estruturas de várias formas em diferentes cenários. Confesso que, no início, resistimos e voltamos a usar os já conhecidos processos ("não libertadores"), e isso nos ajudou a perceber melhor as diferenças. Com o passar do tempo e com a prática, percebemos pontos relevantes. Por isso me preocupei em escrever algumas linhas sobre minha percepção, e quem sabe assim incentivar outros profissionais a ao menos conhecer as tais Estruturas Libertadoras.

Para me ajudar a expor alguns pensamentos, vou trazer aqui a curiosa etimologia destas duas palavras. São elas:

Estrutura *sf.* "disposição e ordem das partes dum todo"; do latim *structura.*

Liber • tador, -tação, -alizar, -ativo, -tatório, -tar, -to → Livre.

Líber *sm.* "o tecido condutor da seiva elaborada ou orgânica nos vegetais vasculares"; do latim *liber.*

Livre *adj.* "que pode dispor de sua pessoa, que não está sujeito a algum senhor"; "não ocupado, solto, descomedido, espontâneo"; do latim *liberatio.*

O radical *Liber* descreve o tecido nos vegetais por onde flui a seiva elaborada, rica em nutrientes. Esse radical é comum à palavra Livre, que define duas sentenças muito interessantes:

- **Que pode dispor de sua pessoa.** Ou seja, que é acessível a si mesmo, ou acessa sua própria individualidade.

- **Que não está sujeito a algum senhor.** Ou seja, que pode assumir a liderança do processo, e mesmo decidir sobre o caminhar do processo.

As palavras Estruturas Libertadoras aproximam de forma interessante um paradoxo: Estruturar, ou seja, dar forma, e ao mesmo tempo Libertar, ou sair da forma. Viver nesse paradoxo é algo muito peculiar aos Facilitadores de Processos de Grupo. Observando e trabalhando com outros Facilitadores, vivenciei diversas vezes o dilema entre o quanto é necessário estruturar um processo, e o quanto é preciso deixar ele evoluir a partir da iniciativa do próprio grupo. Essa polaridade teria por um lado o excesso de estrutura artificial, *versus* a completa falta de estrutura. Poderia dizer que um processo de facilitação pendula com delicadeza entre esses dois extremos.

Ampliando esse conceito, podemos elencar duas premissas que vão guiar os extremos dessa polaridade:

1. É preciso controlar o processo para se alcançar o resultado determinado.

2. O grupo é sábio e vai encontrar o melhor caminho fundamentado na percepção de seus próprios integrantes.

É relativamente confortável ser guiado por apenas uma dessas linhas de pensamento. O apoio de uma delas nos ajuda a desenhar uma agenda muito mais ou muito menos estruturada. É mais fácil perceber essas premissas atuando em nós quando é preciso escolher entre interferir, ou não interferir no processo. Tente se lembrar da última vez em que você ficou com essa dúvida.

As Estruturas Libertadoras nos convidam a viver com **ambas as premissas, ao mesmo tempo, em sua plenitude**. É o que vários autores nomeiam como uma terceira força. Clarificando, essa terceira força não é o "caminho do meio", muito menos o "meio-termo". São as duas forças polares em sua total potencialidade criando um terceiro caminho que tem mais riqueza e potência. Utilizando cores para ilustrar essa ideia, podemos pensar no preto e no branco. O "meio-termo" seria um tímido tom de cinza. Um dos melhores exemplos da terceira força, combinando o claro e o escuro, nos é dado todos os dias no nascer e no pôr do sol. O brilho pálido do meio-dia, ou a densa escuridão da meia-noite, não se compara com a explosão de cores e nuances quando a noite e o dia se encontram.

Isto posto, vamos explorar brevemente uma das estruturas fundamentais, e também uma das mais simples, chamada 1–2–4-All: o processo se inicia com o convite objetivo para explorar uma pergunta, ou um tema relevante para o grupo por meio das etapas **1, 2, 4 e Todos (*All*):**

1. Um minuto de reflexão individual sobre a pergunta ou tema.

2. Dois minutos em que uma dupla compartilha suas reflexões, dividindo o tempo em dois.

4. Quatro minutos para que duas duplas se juntem e compartilhem as reflexões feitas nas duplas. Nesta etapa os indivíduos ampliam a conversa e podem perceber padrões emergentes (coincidências), bem como as divergências (neste caso, o divergente positivo).

Todos - Em cinco a dez minutos o grupo se reúne para ouvir brevemente cada quarteto, ou uma "amostra" de um número de quartetos quando em grupos numerosos. Este momento pode ser documentado em um painel ou *flip chart* para ajudar a visualizar os principais pontos.

Essa estrutura simples, que ocorre entre 15 e 20 minutos, dá voz a todos, distribuindo o poder e a palavra por todo o grupo. A comunicação melhora sensivelmente e o nível de engajamento cresce ao longo do processo. E por que isso acontece?

Pela experiência prática, posso apontar alguns indícios de respostas:

- **Presença.** O minuto de silêncio para refletir individualmente cria um espaço de presença que é raro e rico. Cada participante tem a oportunidade de dedicar 100% da sua atenção para si e seus próprios pensamentos, sem a influência ou interferência do grupo.

- **Diálogo.** No encontro de dois indivíduos presentes, a atenção agora é destinada para ouvir o outro. Um minuto para compartilhar uma ideia, um pensamento, uma percepção é um tempo bem razoável. É bastante comum ouvir comentários sobre a importância de ser objetivo e sucinto na comunicação após praticar essa estrutura repetidas vezes. A sensação de ser ouvido também é um ponto de destaque. Vozes que poderiam facilmente se calar num grupo encontram espaço e eco.

- **Conversa ampliada com qualidade.** Nos quartetos vive-se uma curiosidade quase que infantil (no melhor dos sentidos) sobre o que as outras duplas estão dialogando. Esse estado de curiosidade e atenção favorece a percepção de padrões e de divergências. Eleva-se o nível de atenção e cuidado na comunicação. É comum ver pessoas facilitando a conversa nos quartetos de forma a fazer fluir os pensamentos e descobertas.

- **Conexão das partes com o todo.** Ao reconectar o grupo e ouvir brevemente os pontos que chamaram atenção nos quartetos, cria-se um entendimento maior e os pontos que genuinamente merecem a atenção do grupo emergem sem dificuldade.

- **Liberando a inteligência coletiva.** Repetir o mesmo processo para aprofundar o entendimento sobre um tema, ou definir os próximos passos, é muito rico, dinâmico e ágil. A simplicidade e o ritmo ajudam a inteligência do grupo a ganhar força.

- **Indivíduos presentes assumem responsabilidades.** O constante estímulo à presença individual e o diálogo de qualidade eleva o nível de entendimento sobre um tema. Despertar o engajamento é uma consequência natural. A responsabilidade e a atitude sobre o caminho a seguir emerge do grupo com seus indivíduos presentes e ativos.

Em termos de estrutura, as etapas de 1–2–4-All são simples. É o que os autores chamam de "especificações mínimas". É fundamental ter o mínimo de estrutura que permita o máximo de participação. Este é um dos conceitos-chave para liberar o potencial do grupo e favorecer a auto-organização. Todas as demais estruturas seguem esse conceito fundamental de forma consistente. Das 33 existentes, existem estruturas mais complexas e outras mais simples. Além disso, Estruturas Libertadoras quando bem combinadas se potencializam de forma incrível: são as chamadas *strings* ou sequências. Novas *strings* e novas estruturas estão em pleno processo de desenvolvimento na linha de frente dos praticantes nos Estados Unidos, Canadá e Europa. Esse trabalho, que pode parecer à primeira vista um mero manual de facilitação, é muito mais próximo de um campo de pesquisa e desenvolvimento de grupos, liderança e autopercepção. Não é por acaso que, em 2016, um grupo de cientistas da NASA, a Agência Espacial Americana, solicitou uma consultoria em Estruturas Libertadoras.

O que era um grande desafio no início, tornou-se uma divertida viagem após certo tempo de prática com variadas estruturas e diferentes combinações. Foi preciso testar e comparar com o "mundo conhecido" para perceber o enorme valor das Estruturas Libertadoras. Nesse caminho, percebo que ao mesmo tempo o grupo torna-se mais ativo e responsável, enquanto o trabalho do Facilitador torna-se mais leve e sutil.

Para mim, utilizar essas Estruturas significa trabalhar em um estado de atenção diferente, em que se convive pacificamente com o inesperado. Resultados não planejados são muitas vezes surpreendentes. O nível de atenção e participação dos grupos é incrível quando o papel do Facilitador é compartilhado. Afinal, a proposta é incluir todos e libertar o potencial dos indivíduos presentes.

Mais informações sobre Estruturas Libertadoras você encontra no www.liberatingstructures.com.br

Uma informação importante: grande parte das Estruturas pode ser utilizada nas plataformas *online* (Zoom, Webex, Teams etc.).

Investigação Apreciativa

No final de 2016, fomos convidados para facilitar um evento para quase 250 pessoas, em uma grande instituição financeira. O projeto foi destinado aos funcionários da universidade corporativa. Fizemos, como de costume, reuniões de diagnóstico nas quais entrevistamos diversas pessoas. A seguir, construímos a proposta, totalmente baseada na Investigação Apreciativa (IA). Optamos por esse caminho por acreditarmos que não faria sentido trazer para o encontro questões críticas do negócio, à medida que isso poderia transformar o evento numa "lavagem de roupa suja". Assim, seguimos com o método criado pelo professor americano David Cooperrider.

A Investigação Apreciativa é uma forma cooperativa de buscar o melhor das pessoas, de suas organizações e do mundo ao redor delas. Envolve a descoberta sistemática do que dá vida a uma organização. Busca-se as possibilidades positivas, porém desconhecidas, inexploradas, em cada organização ou comunidade. Na Investigação Apreciativa, a intervenção cede lugar à investigação, imaginação e inovação. Em vez de negação, críticas e diagnósticos complicados, há descoberta, sonho e desenho de possibilidades.

O primeiro momento da IA é definir um tópico afirmativo. Conforme explica Cooperrider, este é o ponto de partida e o aspecto estratégico mais importante de qualquer processo de IA. "Selecionar tópicos afirmativos é uma oportunidade para que os integrantes de uma organização estabeleçam um curso estratégico para o futuro. Todos os tópicos tornam-se uma agenda da organização para a aprendizagem, compartilhamento de conhecimento e ação. (...) Eles são escritos sob forma de perguntas que formam a base das entrevistas de descoberta. Eles servem como sementes para a base dos sonhos e como áreas de geração das proposições e adoção de ação na fase destino", esclarece. Assim, na prática, nosso tópico afirmativo definido com o cliente, na ocasião, foi "Qual propósito conecta nossa equipe?".

A IA está dividida em quatro grandes momentos, todos vivenciados com o cliente em questão. A primeira fase é a da descoberta. Nela, busca-se, no passado, somente as histórias de sucesso, os casos bem-sucedidos. Nesse cliente, separamos o grupo em quatro grandes setores, sendo cada um com, aproximadamente, 50 pessoas e dois facilitadores. O objetivo proposto foi que cada subárea da universidade apresentasse suas fortalezas, bem como os pontos de sinergia com os demais setores. Essa etapa ganhou mais vida à medida que as perguntas dentro dos grupos começavam a ganhar força.

A construção sólida da fase da **descoberta** preparou o grupo para o momento denominado **sonho**, que traz a inspiração para o futuro desejado. Para inspirar esse momento, trabalhamos com corte e costura na confecção dos mantos de um reino fictício que representavam o que aquele local tinha de melhor. Essa história ganhou ainda mais vida quando foi representada e contada por uma atriz, que apresentava os "desejos do rei". Foram mais de 20 mantos bordados e pintados pelos grupos. Porém, após terminados, a atriz que lia os pedidos do rei solicitou que o manto tivesse um pedaço de cada reino. Assim, vinte mantos viraram apenas um manto de retalhos que representava o sonho coletivo.

A próxima etapa da IA é o **planejamento**, por meio do qual se define os objetivos concretos a serem atingidos. A sugestão foi que cada grupo fizesse uma lista com ofertas e pedidos para apoiar o planejamento e a execução.

Por fim, chegamos ao **destino**, que busca a sustentação em longo prazo, incentivando as pessoas a se libertarem dos fatos negativos. Fizemos uma profunda reflexão sobre crenças que sustentam e limitam esse caminho. Por fim, construímos uma grande roda de tambores, sustentando a força do grupo para a conquista do futuro sonhado e desejado.

A Investigação Apreciativa é uma caminho completamente conectado com o jeito ACP, pois cria condições de ajuda e protege o ambiente do julgamento, potencializando os resultados.

Power Point (O Poder do Ponto)

O *Power Point* — poder do ponto, na tradução literária — é bastante sugestivo como nome. Alguns o transformam em textos imensos, frases motivadoras e *bullets points* intermináveis.

Uma pergunta que sempre fazem é se o *Power Point (PPT)* está excluído da facilitação. Acredito que cada um achará o seu caminho. Particularmente, utilizo pouco ou nada. Mas como qualquer recurso, quando bem utilizado, cumprirá o seu papel. O recurso só não pode ser mais importante que o grupo, o que muitas vezes acontece.

Na Syntese, o *Power Point* tem sido reduzido ao máximo. Nossa meta é "PPT zero". Outro dia, fui questionado quanto a esse posicionamento. A pergunta era mais ou menos esta: "Excluir o PPT não significa excluir aqueles que são visuais?". Minha resposta foi — e ainda é — a seguinte: "Temos lousas e *flip chart* para escrever, filmes para assistir, desenhos para projetar, creio que desse modo os visuais também são contemplados".

De qualquer forma, caso exponha alguma teoria ao grupo, sugiro a leitura em silêncio. Aprendi isso com o professor José Pacheco. Não preciso ler o *power point* para o grupo, ou escolher alguém que leia em voz alta. Caso todos sejam alfabetizados, deixo que cada um leia ao seu tempo e ritmo. Dois minutos de silêncio na sala não costumam fazer mal. Esta é uma decisão que também pode ser discutida com os participantes.

Paredes Vivas

O nome Parede Viva foi criado na Syntese. Durante os processos de aprendizagem, costumamos construir uma infinidade de materiais nos flip charts. São reflexões dos grupos, mapas mentais, desenhos, colagens etc. O fato é que esses materiais, quando afixados na parede, não podem ser meramente ilustrativos. Eles devem manter-se vivos ao longo de todo o treinamento, visto que são o retrato da construção coletiva. Além disso, apoiam a estrutura do treinamento, ajudando o grupo e o facilitador nas conexões e pontes ao longo do processo de aprendizagem. Do contrário, não servem para nada.

Talvez, a Parede Viva seja o mais importante recurso didático do facilitador ACP. Ela se alia à **Alegoria do Jardim**, retratando o pensamento do grupo ao longo da caminhada.

Um ponto de alerta: só retiro as Paredes Vivas da sala quando todos os participantes saem do ambiente de aprendizagem. Dói meu coração quando vejo instrutores rasgando ou retirando o material construído quando há participantes na sala. Afinal, a parede viva é fruto do esforço do grupo e simboliza, justamente, a construção do conhecimento. Outra questão que vale ressaltar: quando não há mais espaço nas paredes e ainda temos outros momentos de aprendizagem adiante, sempre consulto o grupo qual material vamos tirar da parede ou como reorganizamos a sala.

Jogos

O professor e historiador Johan Huizinga, em 1938, escreveu seu livro Homo Ludens, cujo nome faz referência àquele que, na visão do autor, será o próximo passo da evolução após o homo sapiens, ou seja, o homem que brinca. Huizinga define jogo como "uma atividade voluntária exercida dentro de certos e determinados limites de tempo e espaço, segundo regras livremente consentidas, mas absolutamente obrigatórias, dotado de um fim em si mesmo, acompanhado de um sentimento de tensão e alegria e de uma consciência de ser diferente de vida cotidiana".

Na Syntese, os jogos são um elemento fundamental para a criação do ambiente facilitador, visto que a ludicidade ajuda a emergir do grupo questões chave vividas nas organizações. Quando escolhemos um jogo, é fundamental que ele converse com o Fluxo da Facilitação.

Por exemplo, temos um processo de aprendizagem no Bradesco que tem como pano de fundo o *Pipeline* de Liderança (conceito do Indiano Ram Charan). Assim, escolhemos uma atividade que estimula a vivência em aspectos chave dessa teoria, como as habilidades de liderança e a alocação do tempo. A ideia desse jogo é promover um ambiente de concorrência entre os grupos que são formados na sala e que representam empresas, simulando a vida real com a hierarquia de um negócio (presidente, gerentes e operadores) e a entrega de produtos para um cliente (fictício) demandante. As possibilidades de aprendizagem são inúmeras e o CAV é essencial para dar nome a tudo aquilo que foi mobilizado emocionalmente, além de organizar os aprendizados para o dia a dia.

Acredito que a questão chave na escolha de um jogo é que ele deve fazer conexão e sentido com aquilo que está sendo proposto como pano de fundo do processo de aprendizagem, bem como com a realidade dos participantes. Do contrário, corre-se o risco de ter o jogo pelo jogo, apenas para cobrir espaços vazios do processo.

World Café

> “World Café é o processo que usamos quando queremos descobrir o que o coletivo sabe.”
>
> *Chris Corrigan*

O *World Café* é um processo participativo, aparentemente simples, que tem uma fenomenal capacidade de trabalhar a diversidade e a complexidade no grupo, fazendo emergir a inteligência coletiva. Trata-se de um processo de diálogo em grupos, nos quais os participantes se dividem em diversas mesas e conversam em torno de uma pergunta central ou de diferentes perguntas. O processo é organizado de forma que os participantes circulam entre os diversos grupos e conversas, conectando e polinizando as ideias, tornando visível a inteligência e a sabedoria do coletivo.

Costumo utilizar com frequência essa atividade por todas as razões apontadas acima. Ela é um caminho importante para os dilemas que surgem quando, nós, facilitadores, estamos conectados ao grupo. Com essa atividade, é possível identificar se há divergências significativas entre os participantes, e também pode ser uma forma de organizar as ideias e soluções dentro dos grupos.

Atividade do Aquário *Fishbowl*

A atividade do aquário não tem correlação alguma com os aquários discutidos neste livro. Pelo contrário. O nome da atividade faz uma analogia a um aquário, que possui alguns peixes nadando e as pessoas ficam ao redor observando.

O *fishbowl* é uma técnica que auxilia na gestão de uma conversa entre um grupo de no mínimo seis e no máximo 50 participantes. Para promover essa dinâmica, as pessoas ficam sentadas em uma roda dentro da qual há algumas cadeiras. As cadeiras localizadas no centro da roda são, justamente, o espaço para quem quer falar sobre o tema previamente proposto. Quem está na roda, apenas ouve. Caso queira contribuir para o tema, o participante da roda deve se dirigir ao centro. Nesse momento, se todas as cadeiras do centro estiverem ocupadas, um dos participantes deve se levantar e voltar à plateia, dando lugar ao outro integrante. A atividade é uma maneira de ser inclusivo com todos os participantes, dando àqueles que queiram ir ao aquário a possibilidade de contribuírem para o tema.

Esta é uma experiência prática frequentemente utilizada nos processos de aprendizagem da Syntese. Apostamos no *fishbowl* porque é uma dinâmica que fortalece a voz do participante. Normalmente, nós a aplicamos como um recurso didático para debater questões do negócio, para fazer *debriefing* de palestras ou aulas expositivas e até mesmo para esvaziar os aprendizados de um jogo. Esvaziar é um termo que adotamos na Syntese para fazer referência à ação de mobilizar o grupo para nomear sentimentos e sensações que surgiram após uma dinâmica de grupo. É como um CAV, porém, mais simplificado.

Filmes e Textos (Cenas e Casos de Estudo)

A utilização de filmes (cenas e estudos de caso) tem grande poder didático. Este é um recurso que ajuda a fortalecer um conceito, uma vivência, um pensamento ou uma discussão. Toda vez que utilizo um filme no processo de facilitação, faço uma breve explanação sobre aquilo que será projetado. A contextualização ajuda o participante do processo de aprendizagem a focar aquilo que é relevante para o debate vigente. Deixar um filme solto na facilitação, sem esse zelo, interfere diretamente na aprendizagem.

É importante tomar cuidado na escolha de um filme para que ele faça sentido no processo. Ele não pode ser um elemento solto ou para completar um espaço vazio. Também não pode ser muito longo, já que isso dispersa o grupo. Normalmente, quando passo um filme, registro minhas ideias na lousa ou *flip chart*, o que ajuda na estruturação do debate. Dependendo do filme, fazemos um *debriefing* para colher os aprendizados e conexões com o dia a dia. Isso pode ser feito por meio de uma breve discussão em grupos, trios ou duplas e, depois, aberto em plenária. É uma decisão do facilitador em conjunto com o grupo.

O processo de escolha de um texto, ou um caso de estudo, deve ser o mesmo adotado para o trecho do filme. Esses "recortes" trazidos para o ambiente de aprendizagem precisam estar carregados de sentido, já que têm a função de propor novas referências, apoiar a construção dos conceitos ou questões vividas pela empresa.

Design Thinking

Na essência o *design thinking* não é uma ferramenta, e sim uma abordagem. Contudo, optei por deixar neste capítulo, pois é um jeito criativo e dinâmico para apoiar nos processos de desenvolvimento, além de estar muito conectado à ACP. Essa abordagem busca a solução de problemas de forma coletiva e colaborativa. Nesse processo as pessoas são colocadas no centro de desenvolvimento do produto.

O processo consiste em tentar mapear e mesclar a experiência cultural, a visão de mundo e os processos inseridos na vida dos indivíduos no intuito de obter uma visão mais completa na solução de problemas. Normalmente, é utilizada para o desenvolvimento de produtos, serviços e solução de problemas. Há uma série de formatos, mas de maneira geral, esse jeito sugere ciclos de pensamento divergente e convergente. A proposta é sempre trabalhar em grupos, utilizando *post-its*, e deixando fluir as sessões de palpites ou *brainstorming*, e reservando tempo e energia para as ações — o concreto.

As etapas do *design thinking* podem, em geral, ser resumidas pelos seguintes passos:

1. Imersão - identificar onde encontrar oportunidades de inovação;
2. Análise e síntese - organizar e criar padrões identificáveis, dentro de uma lógica que permita a compreensão do problema em questão;
3. Ideação - é a fase na qual o perfil de um público-alvo é definido, daqueles que serão "servidos" pelas soluções criadas,com base em ideias inovadoras para um tema do projeto em questão;
4. Testar as ideias - protótipos - é o momento que ideias abstratas ganham conteúdo formal e material;
5. Implementar a solução.

Seguem algumas sugestões de locais para aqueles que queiram aprofundar o conhecimento nesse tema:

- IDEO – *The Design Thinking Company*
- Stanford Univesity – *Design Thinking Action Lab*
- Escola *Design Thinking* – há uma imersão em *Design Thinking*

Design Sprint

Design Sprint é uma metodologia ágil criada em uma empresa braço do Google, a Google Ventures. O *designer* Jake Knaap foi precursor do Design Sprint, em 2010, quando trabalhava no Google. Em 2012, ele levou esse jeito de trabalhar para a Google Ventures, onde foi aperfeiçoado o processo.

A metodologia utiliza cinco etapas, que são divididas exatamente em cinco dias para conceber uma ideia em algo tangível e testável. Antes de partir para as cinco etapas, é preciso definir o problema ou desafio a ser resolvido. Também é preciso selecionar uma equipe de profissionais, de preferência multidisciplinar, além de um facilitador.

Os cincos passos são divididos e focados em objetivos específicos, separados em cinco dias:

1.° dia- Entender

A segunda-feira é a etapa de mapear e entender o problema. Pesquisar, entender, levantar hipóteses e elaborar ideias.

2.° dia – Desenhar

A terça-feira é a etapa de desenhar, de esboçar as ideias mapeadas no passo anterior. Você revisa as ideias existentes, mesclando e refinando-as.

3.° dia – Decidir

A quarta-feira é a etapa de decidir qual caminho seguir. Você confronta as hipóteses e escolhe a melhor rota para a solução do problema ou desafio. Esta é a parte de filtrar o que será utilizado e descartar o que não será. Com isso, você transformará tudo o que for utilizar em um *storyboard*, com o plano detalhado passo a passo do que será o seu protótipo.

4.° dia – Prototipar

A quinta-feira é a etapa de prototipar. Literalmente, mão na massa. A ideia é construir um protótipo baseado no *storyboard* criado no passo anterior. Aqui, cria-se um protótipo garantindo que tudo estará *ok* para que possa ser utilizado e testado na próxima etapa.

5.° dia – Testar

A sexta-feira é a etapa de testes. A ideia é testar o protótipo com pessoas e aprender com os resultados e *feedbacks* obtidos. Ao final, você reúne todas as informações colhidas nessa parte e decide sobre a continuidade e aplicação real dessa ideia.

Para quem é recomendado?
Startups em estágio inicial; ideias que ainda precisam ser amadurecidas; projetos internos.

Quando usar?
Antes de investir tempo e dinheiro em uma *startup* ou ideia; antes de um time ágil recém-formado começar a trabalhar em um projeto; antes de começar a desenhar a fundo uma funcionalidade complexa. O *Design Sprint* pode ser uma alternativa aos processos de geração e ideias. Também pode ser útil para a formação de equipes de futuros projetos, pois você pode observar o comportamento em grupo e individual dos participantes.

É uma opção para se testar de forma mais rápida, funcionalidades e processos mais complexos, evitando assim desperdícios de tempo e dinheiro.

E pode ser uma opção ao MVP (Mínimo Produto Viável), pois é mais rápido de se chegar a uma percepção e validação do projeto.

Assim, como qualquer metodologia, ela é um caminho possível, mas não resolve todos os problemas.

+ Informações em https://www.gv.com/sprint/

Colaboração: Uma Experiência Prática em Hackatons e Startup Weekend

No início de 2019, comecei um movimento pessoal com o objetivo de expandir minhas conexões e perspectivas. O primeiro passo foi participar do Disrupt RH, uma experiência muito parecida com um TEDx. São palestras com cinco minutos de duração e 20 slides que trocam automaticamente a cada 15 segundos. Uma maluquice genial. Você pode encontrar minha palestra *O Que a Roça me Ensinou sobre Educação* no canal do YouTube da Syntese Educação Corporativa.

Essa experiência abriu um mar de conexões com pessoas e negócios — principalmente no mundo das *startups*. O primeiro grande momento de aprendizagem foi como mentor do Startup Weekend Educação — uma vivência prática e colaborativa criada pela Techstars. Essa empresa é conhecida como uma das maiores aceleradoras do mundo. Ela desenvolve diversos programas de aceleração com mentorias e acompanhamento durante toda a jornada empreendedora. É a Techstars quem realiza dois dos maiores eventos responsáveis pela disseminação da cultura de empreendedorismo e inovação no país: o Startup Weekend (SW) e o Startup Week.

Minha segunda experiência foi participando do Startup Weekend Mega na vertical de AGRO. Fiquei com meu grupo em segundo lugar, mas isso é o que menos importa. Viver a jornada inserido no processo é maravilhoso. Durante as 54 horas, você é convidado a mergulhar na construção de uma *startup* — numa jornada nomeada *ZERO to HERO*. Esse tipo de experiência reforça muito a crença no grupo e no processo, à medida que vamos nos autorregulando, e com apoio de alguns mentores, que respeitam as decisões dos integrantes do grupo, é possível aprender muito, de um jeito visceralmente divertido.

Também vivi a experiência como jurado no SW Academy, e foi outra perspectiva, agora como aquele que ajuda a escolher os vencedores. Isso só aconteceu porque a Syntese foi uma das patrocinadoras do evento, e por essa razão recebi o convite.

Fica o convite! Vivenciem essa jornada. No site Sympla (https://www.sympla.com.br), você pode digitar *startup weekend* e encontrará dezenas de eventos acontecendo em muitas cidades do Brasil, quase todo final de semana.

Outra experiência incrível são os *Hackathons* — nós aqui na Syntese organizamos e facilitamos muitos em diferentes empresas. Mas, o que é um *Hackathon*? *Hackathon* significa maratona de programação. O termo resulta de uma combinação das palavras inglesas *hack* (programar de forma excepcional) e *marathon* (maratona).
Esse modelo nasceu no mundo da tecnologia, mas já avança para quase todas as áreas de negócios, desde RH até Vendas. Nesses eventos, os participantes têm a oportunidade de concorrer a prêmios, conhecer outros profissionais da área e fazer networking ou participar de um projeto colaborativo em um ambiente específico. O que faz um evento como este ser um sucesso é o desafio, e lembrando que não pode faltar diversão. As pessoas disponibilizam seu tempo para resolver um problema e é importante que se sintam bem à vontade. É um jeito ágil, leve e divertido de compreender problemas e buscar soluções efetivas para as empresas.

Agora você pode estar se perguntando: "Mas, esses formatos conversam com o jeito ACP?". Claro que sim! Quando esses modelos respeitam e confiam nas pessoas, é sem dúvida um excelente caminho para aprender.

Parêntesis Três para Falar dos Peixinhos aqui de Casa

Recentemente, estive na praia com minha família, mais especificamente a lotada Praia Grande, localizada no litoral sul paulista. Era feriado e talvez não seja difícil imaginar o cenário das areias ao final do dia. Foi nesse cenário que desenrolei a conversa com meu peixinho Felipe, enquanto caminhávamos na beira do mar.

— Pai, esta praia é muito suja!
— Por que você acha que é assim?
— Não sei. Não entendo.
— O que não entende?
— Por que as pessoas brincam, comem, nadam aqui e mesmo assim sujam o lugar em que ficam?
— Como você resolveria isso, filho?
— Falaria para eles jogarem lixo no lixo, senão vai estragar o planeta.
— E o que acontece se estragar o planeta?
— A gente não terá onde morar! Fico pensando se eles fazem isso na casa deles.
— Não sei..., respondi.
— Pai, temos de ajudar a salvar o planeta.

A conversa acabou cheia de reflexões. E uma vontade imensa de ajudar a mudar o mundo.

Capítulo 7

Comunicação Não Violenta - CNV

> “O que eu quero em minha vida é compaixão, um fluxo entre mim e os outros com base numa entrega mútua, do fundo do coração.”
>
> *Marshall B. Rosenberg*

As autoras deste capítulo são duas queridas amigas que têm experiências distintas, mas complementares no estudo da Comunicação Não Violenta. A primeira que escreve é Malu Zamora, nos conhecemos no mestrado e, desde lá, trocamos muitas ideias sobre educação e facilitação. É uma grande estudiosa do tema CNV.

A segunda é Débora Gaudêncio, uma amiga querida e talvez a maior referência no tema no Brasil. Ela é *Certification Trainer Candidate* pelo *Center for NonViolent Communication* – CNVC. Como parte de suas pesquisas em Comunicação Não Violenta, fez aprofundamentos com referências no tema no Brasil, França, EUA, Chile e Canadá.

São elas que caminharam conosco nas linhas abaixo com histórias, teorias e reflexões.

Uma Experiência Transformadora na Índia

Por Malu Zamora

A comunicação não violenta que será contada nas próximas linhas tem como um dos seus precursores Marshall Rosenberg, um seguidor das teorias criadas por Carl Rogers e, por isso, acredito que o tema possa ser um instrumento de apoio nas salas de aula, ajudando a criar um caminho para a facilitação.

A seguir, Malu contará sua experiência com a CNV, desde a Índia até sua prática.

Em 2008, ao chegar à Índia, depois de muitos anos me programando para essa viagem, especificamente em Nova Déli, minha mente e meus olhos julgadores, totalmente centrados em minha cultura, ficaram indignados com aquela sujeira, com aquela forma desordenada de viver. Foram dois dias praticamente sem comer e inundada por um nojo, por uma não aceitação de tudo que via. Além disso, ficava imaginando como aquelas pessoas podiam conviver com aquele caos.

Minha mente não se calou, apesar da prática de meditação e de uma formação em Psicologia, que me possibilitou aprender diversas teorias, entre elas a Abordagem Centrada na Pessoa – ACP, que sempre foi uma de minhas preferidas, principalmente por ser não diretiva e basear-se na aceitação, no não julgamento e na empatia. Tinha um belo discurso totalmente desprovido de expressões e ações. Senti-me uma farsante que apenas conhecia a teoria, mas na prática era mais uma mente discriminadora, que só aceitava o que considerava correto e alinhado com minhas expectativas. Quando o que serve foge de seus padrões, a prática da aceitação torna-se mais complexa, principalmente em um país que, apesar das castas e da pobreza, pratica a aceitação de tudo que a vida oferece. A morte com a cremação dos corpos a céu aberto, os cadáveres jogados no Rio Ganges, o trânsito caótico, ruas sendo disputadas por animais, como elefantes, porcos, macacos, vacas sagradas, automóveis de luxo, os caminhões velhos, as motos com quatro passageiros e os riquexás com mais de nove passageiros.

As reflexões me ajudaram a livrar-me dos julgamentos, ou a não os valorizar, e comecei a enxergar outra Índia que vai além das aparências, o local que Buda se iluminou e praticou o *Tathata*, que significa aceitação daquilo que é. Saí das palavras e comecei meu aprendizado com o universo do não julgamento e da aceitação. Se não fosse isso, talvez não tivesse me disposto, em uma viagem de turismo, a fazer o curso de Comunicação Não Violenta com Marshall Rosenberg, no Osho International Meditation Resort, em Pune. Agradeço por ter me permitido essa experiência fascinante que revolucionou minha forma de viver e de facilitar processos de aprendizagem e que pretendo compartilhar com aqueles que, como eu, perceberam que não podemos continuar sendo instrutores ou treinadores de pessoas, desvalorizando a capacidade inerente de todo ser vivo de buscar o que é melhor para si. Podemos nos tornar facilitadores que beneficiam esse processo. O facilitador, ao basear sua atuação na Abordagem Centrada na Pessoa e na Comunicação Não Violenta, proporciona terreno fértil para que o participante resgate a harmonia consigo e com o outro.

Conhecer a CNV em um país como a Índia levou-me a ter outro jeito de ser, e isso refletiu na qualidade de minhas facilitações. Passei a não julgar os participantes e, com isso, criei conexões cada vez mais baseadas no respeito, na empatia e na confiança.

Palauras são Janelas (ou são paredes).

por Ruth Bebermeyer

Sinto-me tão condenada por suas palavras.
Tão julgada e dispensada.
Antes de ir, preciso saber: Foi isso que você quis dizer?
Antes que eu me levante em minha defesa,
Antes que eu fale com mágoa ou medo,
Antes que eu erga aquela muralha de palavras,
Responda: eu realmente ouvi isso?
Palavras são janelas ou são paredes.
Elas nos condenam ou nos libertam.
Quando eu falar e quando eu ouvir,
Que a luz do amor brilhe através de mim.
Há coisas que preciso dizer,
Coisas que significam muito para mim.
Se minhas palavras não forem claras,
Você me ajudará a me libertar?
Se pareci menosprezar você,
Se você sentiu que não me importei,
Tente escutar por entre as minhas palavras
Os sentimentos que compartilhamos.

A Comunicação Não Violenta é uma abordagem que transforma nosso olhar e traz uma leveza enorme ao diálogo, já que busca um falar e um ouvir com um alto nível de conexão entre os seres humanos. Uma consciência que cria janelas nas quais a dança da linguagem pode fluir. Esse caminho da não violência nos dá suporte como facilitadores e ao mesmo tempo apoia o desenvolvimento das pessoas. E, como consequência, nos tornamos, todos, seres humanos cada vez mais empáticos e conectados com a vida.

A CNV também é chamada em algumas comunidades de Comunicação Compassiva, Comunicação Consciente, Comunicação Autêntica ou, ainda, Comunicação para a Paz. Todos esses nomes ilustram bem o processo vivo que é a CNV. Em meus encontros, costumo relacionar a CNV a uma imagem da lemniscata tríade, já que sua atuação se dá em um movimento com três dimensões: transforma a maneira como olho para mim, transforma a maneira como olho para o outro e transforma o ambiente no qual estou inserido. Uma transformação interna que reflete na relação com o outro e com o mundo.

A Comunicação Não Violenta (CNV) é uma pesquisa criada pelo psicólogo americano Dr. Marshall B. Rosenberg há mais de 50 anos. Desde então, essa abordagem tem sido usada em todo o mundo, em diferentes organizações e contextos, com o fim principal de apoiar a resolução de conflitos e a conexão entre as pessoas.

O nome vem de uma das muitas inspirações de Marshall, a não violência de Gandhi e seus princípios, que apoiaram seus discípulos em sua luta pela paz. Esses princípios usados por Gandhi são a inspiração base da CNV e criam a consciência necessária para abraçarmos as práticas no dia a dia. A conexão com os princípios de não violência são um primeiro grande passo para internalizar a abordagem.

O maior princípio, em sânscrito, é o *Ahimsa*. A palavra deriva do radical hims, "bater, golpear", e himsa significa "dano"; a-himsa significa o oposto, isto é, "ausência de dano", "não violência". Como disse Marshall, "é nosso estado compassivo quando a não violência houver se afastado de nosso coração".

Desse princípio, derivam-se outros. Gandhi brincou com as palavras juntando-as e criando novos princípios. Um deles é *Sarvodaya* — o radical Sarva significa "todos" e Udaya significa "bem comum": seria a busca pelo bem-estar de todos. Ou seja, todas as ações são tomadas com o propósito de contribuir voluntariamente para o bem-estar dos outros e de nós mesmos.

Alinhada a esse princípio, a CNV entende que nossa natureza deseja servir e enriquecer a vida uns dos outros. A violência surge, então, pela maneira como fomos educados, que nos desconecta da nossa natureza compassiva por usar uma linguagem que desumaniza as pessoas e as torna objetos e rótulos. Usamos palavras estáticas como certa, errada, boas, más, egoístas, altruístas.

A CNV foca em estarmos mais perto dessa natureza compassiva e em transformarmos essa linguagem por meio de uma integração na comunicação, relembrando como podemos nos conectar e contribuir para o bem-estar uns dos outros. Por meio de uma linguagem dinâmica, abandonando uma linguagem que diagnostica e julga.

Se, por exemplo, considerar o outro egoísta, coloco-o em uma caixinha e me afasto dele. Pior, afasto-me de mim mesmo, de uma oportunidade de aprender mais sobre mim. Agora, se penso que o outro é egoísta e me conecto com o que está embasando esse pensamento, como seria esse diálogo interno? Algo como: "Percebo que, quando o chamo de egoísta, penso o quanto ele me enganou, não foi sincero, não se importou, não me ajudou". A CNV nos convida a sairmos desse processo automático, em que foco pensamentos repletos de julgamentos.

A mudança surge quando foco o que realmente aconteceu. "Um amigo combinou de me ajudar hoje pela manhã em minha mudança. São 15h e ele não chegou". Pura observação. E se agora me conecto com meu corpo, com o que sinto? Sinto em meu corpo tristeza, decepção, frustração. O que era importante para mim nesse fato que não ocorreu? Talvez eu precisasse de consideração, apoio, honestidade, transparência? Nesse movimento de sair dos rótulos e olhar para si, posso descobrir muito sobre mim. Um processo profundo de autoconhecimento que me conecta com meus valores, nesse caso, consideração, honestidade, transparência, apoio. E nesse momento, em vez de focar a minha interpretação da situação, olho para dentro de mim para verificar o que está vivo, conectando-me com o que mais prezo na vida. É uma mudança de perspectiva. Então posso conversar com o outro em um nível diferente de conexão, baseado no que é importante para mim, no que preciso (honestidade, apoio, transparência, consideração), e não num diálogo baseado em julgamentos ("seu egoísta", "seu preguiçoso", "você nunca faz isso certo").

E existe outro princípio de não violência que nos dá a base para fazer essa mudança de foco, essa transição de olhar. Esse princípio chama-se *Swaraj*, com seu radical em sânscrito Swa, que significa "Eu", e Raj, que significa "Regra", "Governança", sendo traduzido como "Eu Rei de Mim Mesmo". Eu sou responsável pela minha ação, eu tenho autonomia de ação.

Na prática, na CNV, acreditamos que o comportamento do outro não é a causa dos nossos sentimentos. Acreditamos que os sentimentos são uma parte natural da vida, do corpo. Eles nos dão um *feedback* do que está acontecendo interiormente. E com essa consciência, consigo descobrir mais sobre mim e sobre o outro. Quando conecto com meu corpo e percebo uma tensão nos ombros, por exemplo, posso ir ainda mais fundo e conectar com meu sentir, consigo perceber que há uma preocupação ou uma frustração ou um nervosismo. E esses sentimentos nos trazem uma mensagem especial.

> **“Nossos sentimentos são nossos caminhos mais genuínos para o conhecimento.”**
>
> *Audrei Lorde*

E essa mensagem que o sentimento nos revela sobre nós mesmos, na CNV, chamamos de Necessidades. E elas sim, e não os outros, são a causa dos meus sentimentos. E a pergunta que posso fazer é: “Se estou preocupado ou irritado ou triste, qual necessidade minha não está sendo atendida?”. Conecto-me com meu corpo, meu sentir e com o que mais importa na vida para mim, minhas necessidades. E elas são universais e compartilhadas por todos os seres humanos, como paz, amor, comunhão, consideração, reconhecimento, pertencimento, leveza, autenticidade. E falar com o outro com base nisso tudo que está vivo em mim aumenta enormemente a probabilidade de escuta e de conexão.

E, como facilitadores, sabemos o quanto as perguntas são importantes para o processo, e na CNV não é diferente — temos algumas perguntas que podem nos direcionar nesse caminho: “O que está vivo em mim?”, “O que está vivo em você?”. É essa conexão que a CNV deseja apoiar. O que está vivo em mim e o que está vivo em você. Percorrendo o caminho desses princípios, poderemos descobrir. E mais, poderemos nos conectar com o que está vivo nos outros, mesmo que eles não nos digam. Nesse olhar para o outro, a empatia exerce um papel fundamental. Os estudos e trabalhos de Marshall, com o também psicólogo Carl Rogers, desenvolveram um papel central na CNV, já que Marshall percebeu o quanto a empatia explorada por Rogers na Abordagem Centrada na Pessoa – ACP — trazia cura. A ideia de Marshall, então, foi trazer elementos da empatia para a comunicação, com o intuito de aumentar a qualidade da conexão nas relações. Na CNV, a empatia está muito conectada com a presença. Não é ter simplesmente compaixão do outro. É estar com o outro. Tem a ver com o ouvir genuíno. Gosto muito da frase do Adam Kahane, que diz: "O que impede o ouvir é o já saber". Nisso, a empatia faz morada. Nesse não saber, nessa curiosidade genuína pelo outro. Acreditar que o outro não é um ser estático, O Egoísta, O Elegante, O Fofoqueiro, O Inteligente, O Puxa-saco, O Lerdo, mas sim um ser humano com uma potencialidade incrível dentro de si. Com essa consciência, ao ouvir o outro, você remove todos os ruídos que bloqueiam esse fluxo entre vocês. E esses ruídos, na maioria das vezes, são todos os pensamentos do que eu acho que sei sobre você. Tudo o que eu sei sobre você, na maioria das vezes é o que me atrapalha a ouvir de verdade e a me conectar com empatia.

O que a CNV busca é um ouvir puro, com foco no presente, no que está acontecendo no aqui e agora. O foco então muda — dos meus pensamentos e interpretações para o que está acontecendo exatamente agora, na minha frente. E isso me recorda do nosso compromisso como *coaches*, dessa escuta profunda que oferecemos aos *coachees*, focando a agenda deles e não a nossa, o que é a verdade deles e não a nossa, junto com o movimento de acreditar que essa pessoa está em constante mudança e que a cada sessão tem um potencial incrível de se reinventar por si só, uma curiosidade pelo outro, como diria Thich Nhat Hanh: "Cada pessoa é um mundo a explorar".

Assim, diante do outro, posso ouvir o invisível. Quando ele me diz algo com violência, um julgamento, por exemplo, o que está vivo nele? Qual o sentimento que aí está e qual necessidade precisa ser atendida? E, novamente, posso falar a partir desse lugar, sem julgamento, sem interpretações, mas dando um presente para o outro, o que estou percebendo que está vivo nele. Como disse Marshall: "A agressividade é uma expressão trágica de uma necessidade não atendida". O que tenho visto é que, na maioria das vezes, as pessoas não se dão conta disso e agem com essa violência. Podemos então, com o olhar da CNV, apoiá-las para que elas também se conectem com o que está vivo nelas. Diante disso, reitero que a CNV é uma maneira de expressar honesta e amorosamente o que está vivo em nós e o que estamos enxergando que possa estar vivo nos outros.

Para um processo de aprendizagem, isso pode ser feito tendo percepção destes três elementos: Observação sem interpretação, Consciência dos nossos Sentimentos e Conexão com nossas Necessidades. No entanto, ainda existe um elemento que nos apoiará nesse processo. É a forma como pedimos.

> **"Perguntar é o começo de receber."**
>
> *Jim Rohn*

Depois de percorrer o caminho externo da Observação, percorro um caminho interno rumo aos meus Sentimentos, e depois disso percorro um caminho mais interno ainda rumo às minhas Necessidades. A partir desse ponto, o caminho volta a ser externo e se dirige para o outro. Está na hora de fazer uma pergunta. É o momento de Pedir o que preciso para enriquecer minha vida.

A CNV sugere que esse pedido seja claro, específico e positivo. Que lhe diga com clareza, em ações, o que quero que você faça. A ideia é expressar o que queremos em vez do que não queremos. E ao fazer esse pedido, preciso estar disposto a receber um Não. Porque, se assim o fosse, o pedido seria apenas uma demanda, e não um pedido. As pessoas precisam saber que podem discordar e serem compreendidas, que têm escolhas. Com isso, se eu receber o Não, surge uma oportunidade para ouvir o invisível e perceber quais sentimentos e necessidades estão por trás desse Não, e desse lugar, me conectar e dialogar com a outra pessoa.

A CNV é uma pesquisa, é uma abordagem, mas também é um caminho que podemos escolher percorrer diariamente com consciência em cada uma das nossas ações. Como facilitadora, acredito no importante papel que temos — apoiar o outro a focar o que está vivo nele — e, assim, aprender, conectar-se, e a partir disso viver muito mais plenamente e em autenticidade, com ele e com os outros.

DICA: Você encontra no canal da Syntesedh no YouTube o *podcast Syntetizando Episódio 22 Comunicação Não Violenta*. É uma entrevista que Alê Moreno fez com Fred Barão, psicólogo e facilitador de processos de aprendizagem, e Carol Bortoloto, educadora, facilitadora e arquiteta.

Parêntesis para Falar dos Peixinhos aqui de Casa

"Imagine por um instante que você está visitando um viveiro de plantas e encontra um jovem funcionário lutando contra uma roseira. Ele está tentando forçar as pétalas das rosas a se abrirem. Você lhe pergunta o que ele está fazendo, e ele explica: "meu chefe quer que todas as rosas floresçam esta semana, então, na semana passada, eu cortei todas as precoces e, hoje, estou abrindo as atrasadas."

(The Natural Child Project - EUA)

Meus peixinhos contribuíram muito para este livro, fazendo perguntas transformadoras e gerando grandes reflexões. Na minha visão, eles são a alma daquilo que acredito como ACP.

Outro dia, circulando de carro no centro de São Paulo, um bate-papo saboroso e repleto de curiosidade. Dessa vez, Manuela e Felipe protagonizaram esse papo.

— Pai, por que tem tanta gente dormindo na rua? — perguntou Manuela, incomodada.

— Por que você acha, filha?

— Porque eles não têm casa e devem ser muito pobres.

Felipe também entra na conversa:

— Eu acho que a gente poderia ajudar eles.

— Como?

— Poderíamos dar uma casa para eles dormirem.

— Como você acha que isso ajudaria eles?

— Ficariam mais quentinhos.

Já Manuela, propôs o seguinte:

— Eu quero dar para eles o meu cofrinho com moedas e os meus brinquedos.

— E como isso ajudaria?

— Eles teriam dinheiro para comer e as crianças coisas para se divertir.

— Mas resolveria o problema?

— Acho que não pai, porque são muito pobres, mas não sei o que fazer. — disse Felipe, que completou com uma pergunta poderosa

— Pai, uma pessoa que nasce pobre tem chance de não ser mais pobre?

— O que você acha?

— Acho que tem pouca chance.

O final desse papo foi um grande e profundo silêncio.

Dica: No YouTube Syntesedh você encontra um bate-papo com as crianças no *podcast Syntetizando Ep.24 A Escola na Visão das Crianças*.

Capítulo 8

Despropósitos

Foi no apagar das luzes que escutei a poesia *O Menino que Carregava Água na Peneira*, do poeta cuiabano Manoel de Barros. Ela reflete o despropósito deste livro. Sim, você leu certo, o despropósito! Ouvi esses versos do professor Ciro Figueiredo, diretor do Colégio Friburgo, na formatura dos alunos do terceiro ano do ensino médio no final de 2017. Foi como um sopro de esperança para aqueles jovens: "Preencham os vazios", disse Ciro, emocionado ao finalizar a leitura da poesia.

Fiquei pensando nos meus vazios internos e externos. Talvez naqueles vazios que podemos ajudar a preencher, nos espaços que existem num mundo tão polarizado, dolorido e cheio de ódio. Há muito espaço vazio para ajudar a criar condições para mudar o mundo. Acredito que a educação é um instrumento essencial e, quando tem o amor como seu ingrediente principal, ela ocupa esses espaços vazios, apoiando na ampliação dos horizontes e possibilitando melhores escolhas.

Sugiro que saboreie cada palavra, cada verso, dessa linda poesia de Manoel de Barros.

O Menino que Carregava Água na Peneira

Tenho um livro sobre águas e meninos.
Gostei mais de um menino
que carregava água na peneira.

A mãe disse que carregar água na peneira
era o mesmo que roubar um vento e sair
correndo com ele para mostrar aos irmãos.

A mãe disse que era o mesmo que
catar espinhos na água.
O mesmo que criar peixes no bolso.

O menino era ligado em despropósitos.
Quis montar os alicerces de uma casa sobre orvalhos.

A mãe reparou que o menino
gostava mais do vazio
do que do cheio.
Falava que vazios são maiores
e até infinitos.

Com o tempo aquele menino
que era cismado e esquisito
porque gostava de carregar água na peneira.

No escrever o menino viu
que era capaz de ser
noviça, monge ou mendigo
ao mesmo tempo.

O menino aprendeu a usar as palavras.
Viu que podia fazer peraltagens com as palavras.
E começou a fazer peraltagens.

Foi capaz de modificar a tarde botando uma chuva nela.
O menino fazia prodígios.
Até fez uma pedra dar flor!
A mãe reparava o menino com ternura.

A mãe falou:
Meu filho você vai ser poeta.
Você vai carregar água na peneira a vida toda.
Você vai encher os
vazios com as suas
peraltagens
e algumas pessoas
vão te amar por seus
despropósitos.

Parêntesis Final para Falar dos Peixinhos aqui de Casa

Nesse parêntesis, registro duas histórias por imagens.

A primeira é do Felipe, que entregou outro dia este desenho, fruto de um projeto da escola. Achei que a moral da história conversa muito alinhada com a temática deste livro. Essa moral me faz pensar o quanto deixamos de ser nós mesmos para agradar alguém que não sabemos quem é e o que deseja. Deixamos de nos agradar para tentar agradar outro alguém. Acredito que quando a gente se cuida, provavelmente a relação também está sendo cuidada.

O segundo desenho é a capa do livro que minha pequena Manuela outro dia me entregou. O título é sublime: *Infâncias pelo Caminho*. Ela escreveu pensando e registrando aquilo que ela e mais três amigos têm feito nas suas aventuras — é como se fosse o caderno de campo de um clubinho de amigos.

Fiquei admirado com o livro e contei a ela sobre minha emoção. Daí, ela intrigada, perguntou-me: “Pai, você ainda se lembra das suas infâncias pelo caminho?”. Foi um soco. Fiquei calado... pensando... e ela rapidamente completou: “Posso te ajudar a lembrar, se você quiser”. Apenas agradeci, ainda abalado com o poder da pergunta.

Espero que as conversas com os meus peixinhos tenham ajudado e despertado no leitor e na leitora o olhar para a riqueza daquilo que perdemos: a pureza e a genialidade das crianças.

E você, quais são suas infâncias pelo caminho?

Boa Esperança

> A esperança é um dom
> Que eu tenho em mim, eu tenho sim
>
> *Peninha*

Comecei este livro pela experiência que vivi intensamente na África do Sul. Escolhi a cela de Nelson Mandela para começar a construção desta jornada, refletindo e aprendendo sobre a vida desse grande líder. Um homem que ficou preso por mais de 25 anos e que tinha a mente livre. E eu, um homem livre, que tenho muitas vezes a mente presa às minhas crenças. Agora, gostaria de encerrar com outra aprendizagem colhida em solo sul-africano.

Quando estive no Cabo da Boa Esperança, localizado ao sul da Cidade do Cabo, fiquei interessado em conhecer um pouco mais a história do local e dar maior significado àquilo que aprendi nas aulas de história.

O Cabo, antes de os portugueses o dobrarem pela primeira vez, tinha o nome de Cabo das Tormentas. Isso porque naquele lugar venta muito, muito mesmo. Senti de perto. Muitas embarcações estão ali naufragadas, já que o mar é muito turbulento, representando um enorme problema para a tecnologia marítima da época.

No final do século XV, 1488, o navegador português Bartolomeu Dias chegou à região com sua tripulação, enfrentando vários dias de severas tempestades que colocaram em risco a sobrevivência da expedição. Apesar das dificuldades, ele foi o primeiro navegador a superá-las e a dobrar o Cabo das Tormentas. Ao dobrá-lo, deparou-se com uma baía e uma rota muito desejada. E a tormenta virou esperança. O Cabo da Boa Esperança.

Fico pensando que a educação que defendo neste livro possa se parecer com a experiência dos portugueses. O que me enche de alegria é saber que do outro lado deve haver esperança. Uma baía de águas calmas, límpidas e repleta de oportunidades.

Despedida

> “Já está chegando a hora de ir
> Venho aqui me despedir e dizer
> Em qualquer lugar por onde eu andar
> Vou lembrar de você
> Só me resta agora dizer adeus
> E depois o meu caminho seguir
> O meu coração aqui vou deixar
> Não ligue se acaso eu chorar
> Mas agora adeus”

Erasmo Carlos & Roberto Carlos

Começo aqui a me despedir do caro leitor e cara leitora que dedicou tempo e carinho para esta jornada de aprendizagem. Quero compartilhar com você, que foi uma experiência incrível escrever este livro, junto com a minha querida e dedicada *ghost writer* Thays Aldrighe, imprescindível nessa caminhada.

Ouvi histórias de estudantes, professores, clientes e facilitadores. Tive a oportunidade de conversar nos meus sonhos com Carl Rogers, Paulo Freire e Nelson Mandela. Observar e vivenciar alguns medos, crenças arraigadas, algumas mesquinharias e até um certo temor. Viajei por conceitos sedimentados e pelos sonhos das crianças, meus peixinhos lá de casa, aqueles que representam o novo, o futuro, e para quem dediquei este livro.

Amei cada sílaba. Fui congruente com os meus sentimentos. Expressei o meu ponto de vista, sem nenhuma pretensão que isso seja uma verdade. Escrevi com o coração. Deixei fluir. E aconteceu.

Acredito que este livro esteja em movimento. Vivo. Ele continuará sua atualização ao longo do tempo. Provavelmente, a cada leitura, eu o verei de maneira diferente. E, muito provavelmente, o leitor e a leitora também. Não tenho apego àquilo que foi escrito aqui e acredito que a tendência atualizante atuará sobre o livro, transformando-o em outra coisa ao longo do tempo. Cada um que ler, criará seus caminhos, utilizará aquilo que quiser e mudará aquilo que achar conveniente.

Contudo, não posso negar: tenho uma ambição. Gostaria que este livro se tornasse ferramenta útil para alguns educadores, profissionais de Recursos Humanos e aqueles que criam condições de ajuda para pessoas no mundo escolar ou corporativo.

Sei que toda a prática aqui proposta está relacionada a um "jeito de ser ACP". Esse "jeito" está em consonância com os meus valores e as minhas crenças. Confiar nas pessoas e trocar o controle pela liberdade com responsabilidade não são coisas fáceis de atingir. Para isso acontecer não há regras, não há modelos, não há método. É jeito. Ou se tem, ou não se tem. Na dúvida, seja você mesmo, como dizia o mestre Raul Seixas na sua clássica música *Sociedade Alternativa*:

> “Mas se eu quero e você quer
> Tomar banho de chapéu
> Ou discutir Carlos Gardel
> Ou esperar Papai Noel
> Então vá!
> Faz o que tu queres
> Pois é tudo
> Da Lei! Da Lei!
> Viva! Viva!
> Viva A Sociedade Alternativa”
>
> *Raul Seixas*

Ao Conhecer Carl Rogers, Pude me Conhecer

Por Thays Aldrighe, ghost writer deste livro

Quando aceitei o desafio de ajudar o Alexandre a escrever este livro, sinceramente, questionei a minha capacidade de lidar com um conteúdo tão extenso. Sou jornalista e vivo da escrita. Mas confesso que nunca havia entregue um trabalho tão imenso e intenso. Imenso, porque, afinal, é um livro. Intenso, porque, para escrevê-lo, foi preciso mergulhar no mundo de Carl Rogers, o que me levou a um mergulho para dentro de mim mesma.

Já havia feito a formação de facilitadores na Syntese, e foi lá que uma transformação começou a surgir na minha mente e no meu espírito. Dar de cara com a ACP é algo inerente ao curso. Agora, aceitá-la, encará-la e incorporá-la é somente para os fortes. Desculpem a ousadia. Mas é a pura verdade. Há que se ter força para se livrar dos julgamentos; para aprender a dizer sim ou não, para verbalizar seus sentimentos e vontades, sendo congruente consigo e respeitando o impacto disso em quem lhe ouve.

Bom, preciso dizer que, no decorrer do trabalho deste livro, voltei à terapia. Por sorte, a terapeuta tem formação humanista, mas eu não sabia até então, pois minha ignorância não me permitiu enxergar essa condição dela, quando me atendeu inúmeras vezes no passado. Só soube que ela era discípula de Carl Rogers e entendi muitos dos seus conselhos e conceitos depois de lhe dizer que tinha sido justamente ele (na figura do Marcos, do Alexandre, da Sandra, do Shima, do Renato e de tantas outras pessoas transformadoras que conheci nessa jornada) o motivo do meu retorno às sessões.

Parece que, a partir daí, a contribuição do processo terapêutico tornou-se mais intensa na minha vida. Tenho procurado me reposicionar em todas as minhas relações, com meu paciente marido (com quem, às vezes, confesso querer praticar a ACT - Abordagem Centrada na Thays... rs), meus clientes, parceiros e amigos. Estou só no começo, vivendo um verdadeiro turbilhão emocional e completamente apegada à crença de que o melhor caminho é aquele que o leva ao seu propósito.

Analisando minha história, dei-me conta de que a semente desse cultivo nasceu quando eu estava na quinta série na escola pública. Eu me lembro que uma professora de Ciências disse para a classe que a gente tinha de pensar em como gostaríamos de deixar a nossa marca no mundo. E olha que nessa época eu já sabia que seria jornalista. Não me perguntem o porquê. Mas eu sabia e dizia. Achava que tinha jeito para coisa e que seria uma forma de ajudar a mudar o mundo, compartilhando histórias, informação e conhecimento. E olha eu aqui, onde esse sonho me trouxe.

Desde então, essa vontade de fazer a diferença me persegue. Este livro me ajudou a dar um grande passo nessa direção. Sou muito grata por fazer parte dessa construção inovadora e disruptiva que a Syntese está fazendo no mundo da educação corporativa. Cada conversa, cada entrevista, cada leitura, cada reunião para este projeto fizeram de mim uma pessoa melhor. Evolui. Atualizei-me mais do que nunca, num espaço de tempo tão curto que causou medo. No começo, chorava de angústia. Hoje, choro de ternura.

E, juro, não é papo de quem "abraça árvore", expressão que já ouvi por aí como referência a quem é distante da realidade e vive no mundo das ideias. Aliás, sou virginiana pragmática e controladora. Imaginem o que essa tal de ACP fez — e está fazendo — com a minha cabeça. Confiar é um exercício. Isso é coisa que minha terapeuta já me dizia no passado: "Confia. Faça sua parte e confia que o resto virá".

Oh, coisa difícil de fazer. Confiança pressupõe muitos desprendimentos, exige que nos livremos das amarras que se tornaram padrões no nosso comportamento, faz com que entendamos que não somos os únicos seres pensantes e com inteligência na face da terra. Sabe aquela pessoa centralizadora que acredita que só ela é capaz de fazer bem feito? Então. Se você é assim, como consolo, conto que já fiz parte desse clube de forma brutal. Mas quando começamos a praticar o compartilhamento do pensar, do fazer, do decidir, do agir, de forma legítima, os benefícios são muitos. Todas as partes envolvidas ganham, as relações se fortalecem e o elo da confiança se estabelece. É simples. Vai por mim.

Eu vi, eu ouvi, eu senti. A facilitação ACP existe e funciona. O jeito ACP existe e funciona. Agora que conheci esse caminho, posso garantir que é sem volta. Para vocês terem uma ideia de como o universo sempre conspira a favor, na última semana em que estava trabalhando no conteúdo do livro, recebi da minha terapeuta uma mensagem de texto que trazia uma frase da filósofa Viviane Mosé: "Lúcido deve ser parente de Lúcifer. A faculdade de ver deve ser coisa do demônio. Lucidez custa os olhos da cara". Eu pago! E você?

Obrigada, Alexandre Moreno. Gratidão.

Manifesto Syntese

Somos Aprendentes!

Acreditamos que o melhor jeito de entender
o que virá é reinventar e ressignificar o presente.

Pensamos que as transformações se dão
a partir do movimento de cada um.

Aprender se dá no vazio.

Aprender é experimentar.

É combinar possibilidades e estar aberto
para colher resultados inesperados.

É sentir-se bem com a permanente inconclusão.

Nossa paixão é encorajar pessoas a serem
inconformadas, ousadas e irem atrás
das suas respostas com entusiasmo.

Facilitamos experiências que possibilitam
a capacidade de agir de cada um.

O que nos motiva é compreender as histórias
e trilhas de cada indivíduo, grupo e organização.

É imaginar coletivamente futuros onde todos ganham.

Onde cada um sinta-se responsável na busca
por soluções para os desafios do nosso tempo.

Cronologia da Vida de Carl Rogers

1902 - Carl Ransom Rogers nasceu em 8 de janeiro, em Oak Park, Illinois, EUA. Era de família protestante, em que os valores tradicionais e religiosos, juntamente com o incentivo ao trabalho duro, eram amplamente cultivados.

1924 - Graduou-se na Universidade de Wisconsin. Após ter obtido a licenciatura em História, matriculou-se no Seminário da União Teológica, em Nova Iorque. Não tendo aceitado ajuda financeira do pai, trabalhou, inicialmente, em instituições eclesiásticas no ensino religioso para poder sustentar economicamente a família, pois havia se casado e tinha já dois filhos. Nessa instituição, frequentou cursos na faculdade de Psicologia, tendo contato com psicólogos como Goodwin Watson e William Kilpatrick, que muito o impressionaram. Tomou consciência de que não tinha vocação para o ministério pastoral, apesar de ter realizado estágio como pastor substituto numa das paróquias da cidade de Vermont. Transferiu-se para o Teachers' College da Universidade de Columbia, para frequentar o curso de Psicologia Clínica e Psicopedagogia. Recebeu aí grande influência da filosofia de John Dewey. Essa filosofia terá um grande impacto na evolução das suas ideias. Foi aí que obteve os títulos de Mestre (1928) e de Doutor (1931).

1926 - Conseguiu um lugar de interno no Instituto de Aconselhamento (*guidance*) Infantil, recém-criado pelo Fundo Comunitário de Nova Iorque. Ocorre aí uma de suas primeiras desavenças com os psiquiatras, pois a instituição queria pagar-lhe não o valor do contrato, mas a metade, pelo fato de ser psicólogo. Conseguiu, porém, ser pago em igualdade com os psiquiatras.

1929 - Teve início seu trabalho de 12 anos como diretor do Centro de Observação e Orientação Infantil da Sociedade para a Prevenção da Crueldade sobre as Crianças, em Rochester. Entrou em contato com Otto Rank, que muito o marcou pela sua prática terapêutica mais do que pelas suas teorias. Recebeu um grande impacto da obra de Jessie Taft, *The Dynamics of Therapy in a Controlled Relationship*, publicada em 1933. Progressivamente, Rogers abandonou uma orientação diretiva ou interpretativa, optando por uma perspectiva mais pragmática de escuta dos clientes, numa posição que antecipou o que mais tarde denominou de Orientação Não Diretiva em terapia.

1935 - Começou a trabalhar no Teachers' College, no qual lecionou por vários anos nos departamentos de Sociologia e Psicopedagogia. Só muito mais tarde, perto de deixar Rochester, o departamento de psicologia o reconhecerá como psicólogo e como docente. Em 1938, quando se trata de escolher um diretor para o centro em que trabalhava e que se expandira, apesar de todos estarem satisfeitos com o trabalho que desenvolvia, propunham para o cargo de diretor um psiquiatra. Rogers enfrenta essa luta e é nomeado o primeiro diretor do novo Centro de Aconselhamento de Rochester. Foi nesse período que começou a cultivar suas novas ideias, tendo desenvolvido novas formas de pensar a prática psicoterapêutica: muito diferente das abordagens acadêmicas convencionais. Recebeu críticas e contestações ao que propunha.

1939 - Publicou o seu primeiro livro: *O tratamento Clínico da Criança-Problema*. Expôs o essencial das suas reflexões e pesquisas realizadas até aquele momento. Passa a ser mais conhecido como psicólogo clínico (Rogers pediu no futuro desculpas por ter escrito esse livro). Foi convidado para atuar como professor catedrático da Universidade do Estado de Ohio, ficando sob sua responsabilidade a cadeira de "Técnicas de Psicoterapia". Apresentou sua abordagem terapêutica como "as novas" ou "mais recentes terapias", por oposição às "antigas". Introduziu o ensino e a prática da psicoterapia e, também, procedimentos de supervisão e a utilização da gravação integral das entrevistas e de tratamentos completos, como parte da metodologia de investigação sobre os processos terapêuticos. Um ponto alto de reações e, por conseguinte, de ampliação de sua tomada de consciência, ocorreu quando de uma conferência (*Novos Conceitos em Psicoterapia*) na Universidade de Minnesota, a 11 de dezembro de 1940. Nela, afirmava, entre outras coisas, que "o alvo da nova terapia não é resolver um problema particular, mas ajudar o indivíduo a crescer, de maneira que ele possa fazer face, de uma maneira mais bem integrada, ao problema atual e aos problemas que mais tarde apareçam (...); ela baseia-se muito mais na tendência individual para o crescimento, saúde e adaptação...". Afirmava, ainda, que "esta nova terapia põe mais ênfase nos elementos emocionais, nos aspectos emocionais da situação, do que nos aspectos intelectuais..." E mais: "esta nova terapia dá maior ênfase à situação imediata do que ao passado do indivíduo...".

1942 - Publicou o livro *Aconselhamento e Psicoterapia*, grande sucesso no meio profissional, ainda que pouco mencionado na grande imprensa.

1945 - Tornou-se professor de Psicologia na Universidade de Chicago e secretário executivo do Centro de Aconselhamento Terapêutico, onde elaborou e definiu seu método de terapia centrada no cliente.

1949 - Ocupou a cátedra de Psicologia da Universidade de Ohio. No período de 1945 a 1957, publicou extensa bibliografia, na qual deve ser salientado o livro *Terapia Centrada no Cliente*, ponto alto de suas reflexões na área.

1957 - Publicou um dos seus mais importantes artigos: *As Condições Necessárias e Suficientes para Mudança Terapêutica da Personalidade*. Passou a ensinar na Universidade de Wisconsin, onde permaneceu até 1963.

1961 - Publicou o livro *Tornar-se Pessoa*, que rapidamente se tornou um *best-seller* mundial.

1964 - Passou a participar do Centro de Estudos da Pessoa, em La Jolla, Califórnia, entrando em contato com outros teóricos humanistas, como Maslow, e filósofos, como Buber e outros.

1966 - Um fato curioso ocorreu: em um filme, *Journey into Self*, produzido por Bill McGaw, que é premiado com o Oscar de documentário de longa duração, é apresentado, na íntegra, uma sessão de grupo de encontro facilitada por Carl Rogers.

1967 - Publicou o livro *A relação Terapêutica e o seu Impacto*. Dirigiu, de maneira enfática, a atenção para o campo da educação, propondo uma pedagogia experiencial e centrada no aluno. Essas suas ideias são apresentadas em um grande número de trabalhos de pesquisa que se encontram parcialmente reunidos em dois importantes livros: *Liberdade para Aprender*, publicado em 1969, e *Liberdade para Aprender nos Anos Oitenta*, publicado em 1983. O essencial das suas ideias no campo educacional consiste na afirmação de que os alunos aprendem melhor, são mais assíduos, mais criativos e mais capazes de solucionar problemas quando os professores proporcionam o clima humano e de facilitação que ele propõe.

1970 - O livro *Grupos de Encontro* é publicado.

1977 - Publicou *Poder Pessoal*.

1980 - Publicou *Um Jeito de Ser*. Nesse livro, Rogers acentua suas posições contrárias a todo tipo de relações autoritárias de poder na família, na escola e na sociedade e propõe, em seu lugar, um modelo de relacionamento voltado à compreensão da pessoa e do existir com base na confiança.

1987 - Em 4 de fevereiro, faleceu Rogers, aos 85 anos de idade, em La Jolla, tendo trabalhado intensamente até essa data.

Filmes e Séries: Um oceano de Inspirações

Ao Mestre, com Carinho

Um engenheiro aceita lecionar numa escola barra pesada em Londres, onde se depara com um grupo de adolescentes rebeldes, determinados a expulsá-lo do cargo. Tratados com respeito, os alunos abandonam o comportamento hostil, afeiçoando-se ao mestre.

O Aluno

Maruge lutou pela liberdade de seu país, foi preso e torturado. Aos 83 anos, fazendo-se valer de um discurso do Presidente do Quênia que garante educação para todos, Maruge decide se matricular numa escola primária. Como a escola possui mais crianças do que sua estrutura precária suporta, sua matrícula é negada e ele precisa insistir muito até ser aceito. Porém, ao começar a estudar, a atitude de Maruge gera revolta e indignação na comunidade, colocando sua segurança em risco.

A Voz do Coração

Pierre Morhange (Jacques Perrin) é um famoso maestro que retorna à sua cidade natal ao saber do falecimento de sua mãe. Lá, ele encontra um diário mantido por seu antigo professor de música, Clémente Mathieu (Gérard Jugnot), por meio do qual passa a relembrar sua própria infância, mais exatamente a década de 40, quando passou a participar de um coro organizado pelo professor e que terminou por revelar seus dotes musicais.

Sete Minutos depois da Meia-Noite

O garoto Conor tem muitos problemas na vida. Seu pai é muito ausente, a mãe sofre um um câncer em fase terminal, a avó é uma megera e ele é maltratado na escola pelos colegas. No entanto, todas as noites, Conor tem o mesmo sonho, com uma gigantesca árvore que decide contar histórias para ele, em troca de escutar as histórias do garoto. As conversas com a árvore ajudam Conor a escapar das dificuldades pelo mundo da fantasia.

Humano

Com testemunhos e imagens aéreas exclusivas, o introspectivo documentário aborda quem nós somos hoje em dia, não só como comunidade, mas como indivíduos. Por meio das guerras, discriminações e desigualdades, confrontamos a realidade que também contempla discursos de solidariedade. Uma reflexão do futuro que queremos para nós, seres humanos, e o planeta.

Merlí

É uma série sobre um professor de filosofia que, usando alguns métodos pouco ortodoxos, incentiva seus alunos a pensar livremente — dividindo as opiniões de alunos, professores e famílias. Cada episódio do programa tem o nome de um filósofo e suas ideias guiarão ações e diálogos. DICA: o filósofo e educador, Renato Janine Ribeiro, criou a página no Facebook *Merlí e a Filosofia no Ensino Médio* para discutir a série da Netflix. Vale muito a pena!

Quando Sinto que já Sei

Por que toda aula tem de ser assim? Por que não mudar? Diretores, professores, pais e alunos questionam, há anos, os motivos que levam ao distanciamento entre a sala de aula e o mundo exterior. Diante do medo do vestibular e do mercado de trabalho, a discussão nem sempre avança e o modelo permanece o mesmo. Mas ao redor do país, várias iniciativas começam a mudar esse quadro com ousadia resultante do contato entre escola e comunidade. Saem as grades, as paredes e abre-se o espaço ao diálogo. Este é o ambiente do documentário, idealizado pelo empreendedor social Antonio Sagrado Lovato.

Sociedade dos Poetas Mortos

O novo professor de Inglês John Keating é introduzido a uma escola preparatória de meninos que é conhecida por suas antigas tradições e alto padrão. Ele usa métodos pouco ortodoxos para atingir seus alunos, que enfrentam enormes pressões de seus pais e da escola. Com a ajuda de Keating, os alunos Neil Perry, Todd Anderson e outros aprendem como não serem tão tímidos, seguir seus sonhos e aproveitar cada dia.

Living on One Dollar

O que você faria com um dólar por dia? Como viveria? Zach Ingrasci e Chris Temple quiseram experimentar a sensação, não pela aventura, mas para alertar para um fato: é assim que vivem cerca de 1,1 bilhão de pessoas em todo o mundo. É nesse contexto que quatro amigos americanos viajam para a Guatemala com o objetivo de vivenciar a extrema pobreza, durante dois meses.

O Sorriso de Monalisa

Katherine Watson, recém-formanda na UCLA, foi contratada, em 1953, para lecionar História da Arte na prestigiosa Wellesley College, uma escola só para mulheres. Determinada a confrontar valores ultrapassados da sociedade e da instituição, Katherine inspira suas alunas tradicionais, incluindo Betty e Joan, a mudarem a vida das pessoas como futuras líderes que serão.

MR. Holland - Adorável Professor

Em 1964, um músico (Richard Dreyfuss) decide começar a lecionar para ter mais dinheiro e, assim, se dedicar a compor uma sinfonia. Inicialmente, ele sente grande dificuldade em fazer com que seus alunos se interessem pela música, e as coisas se complicam ainda mais quando sua mulher (Glenne Headly) dá à luz a um filho surdo. Para poder financiar os estudos especiais e o tratamento do filho, ele se envolve cada vez mais com a escola e seus alunos, deixando de lado seu sonho de se tornar um grande compositor.

Nise - O Coração da Loucura

Nos anos 1950, uma psiquiatra contrária aos tratamentos convencionais de esquizofrenia da época é isolada pelos outros médicos. Ela então assume o setor de terapia ocupacional, onde inicia uma nova forma de lidar com os pacientes, pelo amor e pela arte.

A Educação Proibida

Documentário que se propõe a questionar as lógicas da escolarização moderna e a forma de entender a educação, mostrando diferentes experiências educativas, não convencionais, que propõem a necessidade de um novo modelo educativo.

O Invasor Americano

Em uma trama em que Michael Moore é escalado pelo exército americano para roubar boas ideias que possam melhorar a vida nos Estados Unidos, ele vai a vários países europeus para conhecer suas políticas públicas, entre elas, as da área educacional e as relativas ao sistema prisional.

Escritores da Liberdade

Uma jovem e idealista professora chega a uma escola de um bairro pobre, que está corrompida pela agressividade e violência. Os alunos se mostram rebeldes e sem vontade de aprender, e há entre eles uma constante tensão racial. Assim, para fazer com que os alunos aprendam e também falem mais de suas complicadas vidas, a professora Gruwell (Hilary Swank) lança mão de métodos diferentes de ensino.

Entre os Muros da Escola

François Marin trabalha como professor de língua francesa em uma escola, localizada na periferia de Paris. Ele e seus colegas de ensino buscam apoio mútuo na difícil tarefa de fazer com que os alunos aprendam algo ao longo do ano letivo. Marin tem na escola alunos problemáticos, violência, tensões étnicas entre os alunos, o que testa sua paciência e, mais importante, sua determinação como um educador.

Nunca me Sonharam
Os desafios do presente, as expectativas para o futuro e os sonhos de quem vive a realidade do Ensino Médio nas escolas públicas do Brasil. Na voz de estudantes, gestores, professores e especialistas, *Nunca me sonharam* reflete sobre o valor da educação.

A Bailarina
Uma sonhadora menina órfã toma uma atitude arriscada: fugir para Paris e realizar o sonho de ser uma grande bailarina. Lá, ela decide se passar por outra pessoa e consegue uma vaga no Grand Opera, onde vai aprontar muitas aventuras e revelar o poder da busca de um propósito.

MANDELA - O Caminho para a Liberdade
Inspirado na autobiografia de Nelson Mandela, lançada em 1994, o filme retrata todo o percurso traçado pelo líder sul-africano baseado em seu próprio ponto de vista, desde a sua infância, vivendo em uma pequena aldeia rural, até a eleição democrática ao cargo de Presidente da República da África do Sul. Em uma luta constante pelo fim do *Apartheid* no país, Mandela chegou a passar 27 anos em cárcere pelo que acreditava.

A história de um Garoto com Fome (Toast)
Nigel (Oscar Kennedy e Freddie Highmore) sempre teve fascínio pela culinária, mas sua mãe (Victoria Hamilton) não era nada prendada na cozinha. Após sua doença e morte, o pai de Nigel (Ken Stott) contrata uma faxineira, vivida por Helena Boham Carter, que disputará com Nigel a atenção do pai e os dotes culinários. A história fala sobre as carências, perdas e descobertas de um menino que, mesmo com poucos referenciais, consegue encontrar o seu caminho.

As Vantagens de Ser Invisível
Charlie (Logan Lerman) é um estudante depressivo de 15 anos que precisa lidar com o suicídio de seu melhor amigo e com a descoberta de seu primeiro amor, Sam (Emma Watson).

O Homem que Viu o Infinito

Uma verdadeira história de amizade que mudou a matemática para sempre. Em 1913, Ramanujan, um gênio da matemática autodidata da Índia, viaja para a o Colégio Trinity, na Universidade de Cambridge, onde ele se aproxima do seu mentor, o excêntrico professor GH Hardy, e luta para mostrar ao mundo o brilho da sua mente.

O Farol das Orcas

Baseado em fatos reais, o roteiro fala de um biólogo marinho, Beto Bubas, que vive na Patagônia argentina, mais propriamente na península de Valdes, a estudar baleias orcas. Em um determinado dia, Beto encontra na porta de sua casa uma mãe espanhola com seu filho pequeno, Tristan, um menino autista, que, ao ver um documentário de Beto na TV, esboçou reações nunca antes esboçadas. A mãe do garoto viajou o mundo para encontrar o biólogo a fim de ajudar o filho a se comunicar por meio do contato com as orcas.

Lion: Uma Jornada para Casa

Um garoto de cinco anos se perde do irmão mais velho em uma estação de trem em Calcutá, na Índia, e passa a viver nas ruas do país até ser adotado por uma família australiana. Anos mais tarde, ele passa a ser atormentado por lembranças do passado e decide ir em busca de sua família biológica. História verídica.

Preciosa

1987, Nova York, bairro do Harlem. Claireece "Preciosa" Jones (Gabourey Sidibe) é uma adolescente de 16 anos que sofre uma série de privações durante sua juventude. Violentada pelo pai (Rodney Jackson) e abusada pela mãe (Mo'Nique), ela cresce irritada e sem qualquer tipo de amor. O fato de ser pobre e gorda também não a ajuda nem um pouco. Além disso, Preciosa tem um filho apelidado de "Mongo" por ser portador de síndrome de Down, que está sob os cuidados da avó. Quando engravida pela segunda vez, Preciosa é suspensa da escola. A sra. Lichtenstein (Nealla Gordon) consegue para ela uma escola alternativa, que possa ajudá-la a melhor lidar com sua vida. Lá, Preciosa encontra um meio de fugir de sua existência traumática, refugiando-se em sua imaginação.

Os Meninos Que Enganavam Nazistas
Durante um período de ocupação nazista na França, os jovens irmãos judeus Maurice e Joseph embarcam em uma aventura para escapar dos nazistas. Em meio à invasão e à perseguição, eles se mostram espertos, corajosos e inteligentes em sua escapada.

Extraordinário
Auggie Pullman (Jacob Tremblay) é um garoto que nasceu com uma deformação facial, o que fez com que passasse por 27 cirurgias plásticas. Aos dez anos, ele pela primeira vez frequentará uma escola regular, como qualquer outra criança. Lá, precisa lidar com a sensação constante de ser sempre observado e avaliado por todos à sua volta.

O Menino que Descobriu o Vento
Sempre se esforçando para adquirir conhecimentos cada vez mais diversificados, um jovem de Malawi se cansa de assistir a todos os colegas de seu vilarejo passando por dificuldades e começa a desenvolver uma inovadora turbina de vento.

Olhos que Condenam
Cinco jovens negros do Harlem foram injustamente acusados de estuprarem uma mulher no Central Park. Eles só foram inocentados em 2014, depois que evidências de DNA comprovaram que o grupo não estava conectado ao brutal crime contra Trisha Meili. Você encontrará essa minissérie na Netflix.

Segunda Chamada
No ensino noturno de jovens e adultos da EE Carolina Maria de Jesus, o diretor Jaci e os professores Lúcia, Eliete, Marco André e

Sônia seguem determinados a mostrar a alunos de diferentes idades e perfis o poder de transformação social da educação. Você encontra essa série no GloboPlay.

Dezessete
O filme (NETFLIX) acompanha a vida de Hector, um garoto de 15 anos que está em um centro de detenção e reintegração juvenil por ter cometido diversos crimes, incluindo invasão e roubo. Aos 17 anos, Hector já realizou 20 tentativas de fuga, mas algo está prestes a mudar em sua vida.

Que Horas Ela Volta?
Filme nacional, que tem como protagonista Regina Casé. A pernambucana Val se mudou para São Paulo com o intuito de proporcionar melhores condições de vida para a filha, Jéssica. Anos depois, a garota lhe telefona dizendo que quer ir para a cidade prestar vestibular. Os chefes de Val recebem a menina de braços abertos, porém o seu comportamento complica as relações na casa.

Anne With an E
Baseada no livro *Anne de Green Gables*, a produção acompanha as aventuras de Anne Shirley (McNulty), uma jovem órfã que passou a maior parte da infância em lares temporários abusivos, tentando descobrir qual é o seu lugar no mundo. Uma série profundamente transformadora (Netflix).

Capitão Fantástico
Nas florestas do estado de Washington, um pai cria seus seis filhos longe da civilização, em uma rígida rotina de aventuras. Ele é forçado a deixar o isolamento e leva sua família para encarar o mundo, desafiando sua ideia do que significa ser pai.

Divertidamente

Com a mudança para uma nova cidade, as emoções de Riley, que tem apenas 11 anos de idade, ficam extremamente agitadas. Uma confusão na sala de controle do seu cérebro deixa a Alegria e a Tristeza de fora, afetando a vida de Riley radicalmente.

Toy Story 4

Woody, Buzz Lightyear e o resto da turma embarcam em uma viagem com Bonnie e um novo brinquedo chamado Forky (garfinho). A aventura logo se transforma em uma reunião inesperada quando o ligeiro desvio que Woody faz o leva à sua amiga que há muito tempo estava perdida, Bo Peep (Beth).

Sing

Um empolgado coala chamado Buster decide criar uma competição de canto para aumentar os rendimentos de seu antigo teatro. A disputa movimenta o mundo animal e promove a revelação de diversos talentos da cidade, todos de olho nos 15 minutos de fama e nos US$ 100 mil dólares de prêmio.

UP Altas Aventuras

Carl Fredricksen é um vendedor de balões que, aos 78 anos, está prestes a perder a casa em que sempre viveu com sua esposa, a falecida Ellie. Após um incidente, Carl é considerado uma ameaça pública e forçado a ser internado. Para evitar que isso aconteça, ele põe balões em sua casa, fazendo com que ela levante voo. Carl quer viajar para uma floresta na América do Sul, onde ele e Ellie sempre desejaram morar, mas descobre que um problema embarcou junto: Russell, um menino de oito anos.

Viva - A Vida é uma Festa

Miguel é um menino de 12 anos que deseja ser um músico famoso, mas precisa lidar com sua família que desaprova seu sonho. Determinado a virar o jogo, ele acaba desencadeando uma série de eventos ligados a um mistério de 100 anos.

Um Lindo Dia na Vizinhança

Um filme maravilhoso. É uma aula de Comunicação Não Violenta. É doce, suave e abraça quentinho o coração.

Ele retrata uma história real de Fred Rogers (vivido brilhantemente por Tom Hanks) que foi o criador do *Mister Rogers' Neighborhood*, um programa infantil de TV muito popular na década de 1960, nos Estados Unidos. Em 1998, Tom Junod (Matthew Rhys), até então um cínico jornalista investigativo, aceitou escrever o perfil de Rogers para a revista *Esquire*. Durante as entrevistas para a matéria, Junod mudou não só sua visão em relação ao seu entrevistado como também sua visão de mundo, iniciando uma inspiradora amizade com o apresentador.

Tá na AMAZON e vale cada segundo!

A Máscara em que Você Vive

A máscara a que se refere o documentário é sobre o estereótipo de ser homem: não deve chorar, não deve ter dúvidas, tem de ser hétero e precisa reforçar isso a todo instante, tem de ser pegador, estar pronto para brigas etc. Homens ou mulheres, sabemos todos como são os rótulos da masculinidade. A produção questiona os efeitos nocivos que isso pode acarretar nas crianças e adolescentes que aprendem ou fingem reprimir seus verdadeiros sentimentos em nome do que é socialmente aceito.

MALALA (documentário)

Retrato íntimo da ganhadora do Prêmio Nobel da Paz, Malala Yousafzai, que foi perseguida pelo Taliban e severamente ferida por um tiro quando voltava para casa em seu ônibus escolar no Paquistão. A menina, de então 15 anos, foi julgada por defender a educação para meninas, e o ataque a ela provocou protestos de simpatizantes em todo o mundo. Ela milagrosamente sobreviveu e agora é líder de uma campanha global para educação de meninas como a cofundadora do Fundo de Malala.

Uma Noite de 12 Anos

1973, Uruguai. José Mujica (Antonio de la Torre), Mauricio Rosencof (Chino Darín) e Eleuterio Fernández Huidobro (Alfonso Tort) são militantes dos Tupamaros, grupo que luta contra a ditadura militar local. Eles são presos em ações distintas e encarcerados junto a outros nove companheiros, de forma que não possam sequer falar um com o outro. Ao longo dos anos, o trio busca meios de sobreviver não só à tortura, mas também ao encarceramento que fez com que ficassem completamente alheios à sociedade, sem a menor ideia se um dia seriam soltos.

Syntetizando

Programa de *podcast* da Syntese que tem no comando dos programas Alê Moreno. O propósito é discutir educação, negócios, liderança, negócios etc. Os episódios são na sua maioria conversas com especialistas que ajudam a ampliar o debate e gerar conteúdos de qualidade. Você ouve os programas no Youtube.com/Syntesedh e no Spotfy Syntetizando.

Educação do Infantil ao Corporativo

Uma viagem pelos diversos momentos da aprendizagem e do empreendedorismo.

Transmitido pelo canal da Syntese Educação Corporativa no YouTube, o programa de entrevistas é apresentado por seu idealizador e fundador, o professor Alexandre Moreno, e por Thiago Costa, jornalista, consultor e professor de comunicação.

Apaixonados pelo tema "Educação", os amigos sempre falavam sobre o assunto e decidiram abrir a roda de conversa para outros convidados, com a intenção de fazer mais gente falar sobre aprendizagem, num sentido mais amplo.

A ideia deu muito certo e foram quase 40 edições entre 2020 e 2021, com convidados de diferentes áreas. Como o nome diz, indo da educação infantil até a corporativa. Já na estreia, Alê e Thiago conversaram (e se emocionaram) com Sérgio Godinho, uma das maiores referências em ensino fundamental do Brasil. Depois dele, passaram pela tela desde executivas, como Nathalia Nakano, da Bayer, e Simone Azevedo, do Hospital Albert Einstein, até empreendedores sociais, como Alvimar Silva, fundador do Jaubra, um aplicativo de transporte focado em periferias.

Cada programa tem em média 1h20 de duração e a marca é a descontração e emoção com que Alexandre e Thiago levam as conversas. A educação é sempre o tema central, mas as prosas passam pelas experiências dos entrevistados na escola, suas dificuldades e superações, a trajetória profissional e a maneira pela qual enxergam o mundo. Os papos inevitavelmente terminam gerando reações fortes no público, nos apresentadores e entrevistados. Até porque, sempre terminam com a leitura de uma poesia, feita durante a conversa, pela poetisa Fátima Affonso, que transforma tudo que é dito em uma linda expressão artística.

São três temporadas disponíveis — quase 40 programas — no canal da Syntesedh no YouTube da Syntese.

Bibliografia Parcialmente Comentada

ALVES, R. ***A escola com que Sempre Sonhei sem Imaginar que Pudesse Existir.*** Editora Papirus, Campinas, SP, 2001.
Escola da Ponte: um único espaço partilhado por todos, sem separação por turmas, sem campainhas anunciando o fim de uma disciplina e o início de outra. A lição social: todos partilhamos de um mesmo mundo. Pequenos e grandes são companheiros numa mesma aventura. Todos se ajudam. Não há competição. Há cooperação. Ao ritmo da vida: os saberes da vida não seguem programas. São as crianças que estabelecem os mecanismos para lidar com aqueles que se recusam a obedecer às regras. Pois o espaço da escola tem de ser como o espaço do jogo: para ser divertido e fazer sentido, tem de ter regras. A vida social depende de que cada um abra mão da sua vontade, naquilo em que ela se choca com a vontade coletiva. E assim vão as crianças aprendendo as regras da convivência democrática, sem que elas constem de um programa.

BAUMAN, ZYGMUNT. ***Modernidade Líquida.*** Editora Zahar, 2001.
A modernidade, para Bauman, pode ser definida como um período de liquidez, de volatilidade, de incerteza e insegurança, em que o período anterior, denominado pelo autor como modernidade sólida, seria substituído pela lógica do consumo, do gozo e da artificialidade imediatos. Logo, as noções de fluidez e liquidez que marcam a contemporaneidade se manifestam no cotidiano em diversos contextos, como, por exemplo, nas relações de trabalho, nos relacionamentos afetivos, na maneira como as identidades se constroem etc.

CARRENHO, E; TASSINARI, M. e PINTO, M. A. S. ***Praticando a Abordagem Centrada na Pessoa: Dúvidas e Perguntas Mais Frequentes.*** São Paulo: Editora Carrenho, 2010.
Este livro foi uma grande contribuição do Marcos, coautor, para a

Syntese. Isso porque nele temos contato com os princípios da ACP de uma forma muito clara. Utilizamos o livro nas nossas turmas de formação de facilitadores. Você pode comprá-lo no *site* encontroacp.com.br.

COOPERRIDER, D. L.; WHITNEY, D. ***Investigação Apreciativa: Uma Abordagem Positiva para a Gestão de Mudanças.*** Rio de Janeiro: Qualitymark, 2006. 82p.

FREIRE, P. ***Pedagogia da Autonomia.*** Editora Paz Terra, 2003.
Este é um livro de poucas páginas, mas de uma densidade de ideias pouco vista em qualquer outra de suas obras. Esse seu poder de síntese demonstra sua maturidade, lucidez e vontade de, com simplicidade, abordar algumas das questões fundamentais para a formação dos(as) educadores(as), de forma objetiva.

ROGERS, Carl R. ***Tornar-se Pessoa.*** São Paulo: Martins Fontes, 2014 (última edição).
Utilizei este livro em muitas citações aqui. Sua teoria centrada na pessoa traz incontáveis contribuições acerca de nossa formação enquanto pessoa e como profissionais. Ele nos leva a muitas reflexões. Há dois capítulos dedicados à educação, sendo um deles uma carta de um ex-aluno. Recomendo para todos aqueles que queiram mergulhar na visão de Carl Rogers.

ROGERS, Carl R. ***Liberdade para Aprender***. Belo Horizonte: Interlivros, 1973.
Esta obra partiu de questionamentos a respeito do sistema educacional. Ele escreveu aos profissionais da educação numa tentativa de motivar o desejo de mudança e a realização de algo concreto. Apresenta exemplos, faz discussões e sinaliza sua perspectiva sobre a educação. É impressionante ler um livro da década de 70 com o frescor do século XXI, o que demonstra que estamos fazendo a mesma coisa nas salas de aulas já faz muito tempo. Rogers aponta

atitudes a serem desenvolvidas por quem se interessa em ser "facilitador de aprendizagem" e recomenda caminhos para desenvolver essa atitudes.

ROGERS, Carl R. ***Grupos de Encontro.*** Editora Martins Fontes, 1979.
Laboratórios de relações humanas. É assim que Rogers define os grupos de encontro. Este livro mostra a história do movimento, além de exemplos que ajudam o leitor a compreender a importância desse método de psicoterapia coletiva.

STRECK D. R, REDIN, E., ZITKOSKI, J. J. ***Dicionário Paulo Freire.*** Editora Autêntica, 2015.
Este livro reúne 230 verbetes sobre a obra de Paulo Freire, conhecido pelo caráter transformador de sua pedagogia e pela atuação marcada pela busca de uma sociedade mais justa por meio de uma educação humanizadora. Foi para compilar fragmentos das práticas, dos pensamentos e dos sonhos de Paulo Freire que 104 estudiosos(as) produziram esse dicionário de verbetes fundamentais para se pensar a educação hoje.

TANURE, Betânia. ***Gestão à Brasileira.*** 2.ª. edição. São Paulo, Atlas, 2005.
Este livro aborda a evolução da cultura brasileira, analisando as diferenças e similaridades entre empresas nacionais privadas, multinacionais e estatais, assim como entre as diferentes gerações. Por sua história e pelas influências que teve de diversos povos, desde o processo de colonização, o Brasil formou uma identidade nacional própria e diferenciada. A hipótese é que a cultura brasileira, com suas características e especificidades, impacta o modelo de gestão das empresas. Vale a leitura.

JUSTO. H. ***Carl Rogers Teoria da Personalidade - Aprendizagem Centrada no Aluno.*** Editora Santo Antônio, 1973.

MORIN, Edgar. ***A cabeça Bem-Feita: Repensar a Reforma, Reformar o Pensamento.*** Rio de Janeiro: Bertrand Brasil, 2000.

MORIN, Edgar. ***Introdução ao Pensamento Complexo.*** Editora Sulina, Porto Alegre, 2007.

MORIN, Edgar. ***Os Sete Saberes Necessários à Educação do Futuro.*** São Paulo:Cortez. Brasília, DF: UNESCO, 2000.

NICOLESCU, B. ***Educação e Transdisciplinaridade II.*** Brasília: UNESCO, 2002.

MANDELA, N. ***Longa Caminhada até a Liberdade.*** Curitiba. Nossa Cultura, 2012.
Este livro é fundamental para aqueles que querem entender a trajetória de Nelson Mandela. A história é uma autobiografia que relata com detalhes todas as fases da vida desse grande líder. Mandela é um facilitador, um homem que tentou por muitos anos o caminho da Não Violência, até sucumbir às armas e ser levado à prisão, onde permaneceu por quase um terço da sua vida. É sem dúvida uma referência. Uma voz ao não preconceito. Essencial.

ROSENBERG, Marshall B. ***Comunicação Não Violenta: Técnicas para Aprimorar Relacionamentos Pessoais e Profissionais.*** Trad. Mário Vilela. São Paulo: Ágora, 2006.

MATURANA, R. Humberto. ***De Máquinas e Seres Vivos: Autopoiése - a Organização do Vivo***. Porto Alegre: Artes Médicas, 1997b.

MORENO, A. Bortoloto, C. Ceserani. A, e outros autores. ***Sobre Ser, Histórias sobre Empatia, Autenticidade e Aceitação.*** Editora Estação das Letras e Cores, 2020.
A ousadia de facilitar processos de aprendizagem com foco nos participantes gera um novo jeito de ser e facilitar vivências ricas de

experiências, percepções e olhares compartilhados por todos. Atende também ao verdadeiro significado da palavra educação, de origem latina, *educare*, que significa tirar de dentro aquilo que a pessoa já tem dentro dela. Educação, facilitação e abordagem centrada na pessoa se unem para fazer a diferença e desenhar um novo jeito sobre ser e criar espaços isentos de julgamentos e abertos para muitas trocas, *insights* e compreensões. Com essas ideias e inovações um grupo de facilitadores apaixonados por educação resolveu contar suas experiências compartilhando suas histórias e, por meio delas, seu processo de entendimento e abertura para novas práticas que valorizam e consideram a pessoa. As histórias demonstram que educação não é algo que acontece somente dentro dos muros da escola, e que o professor não é o único que a oferece. Podemos aprender com o pé de jabuticaba, com a bonecas, as ruas, a roça, as perdas, a música, as montanhas, as consultorias e as facilitações.

Gratidão

“(...) Que a arte me aponte uma resposta
Mesmo que ela mesma não saiba
E que ninguém a tente complicar
Pois é preciso simplicidade pra fazê-la florescer
Pois metade de mim é plateia
A outra metade é canção
Que a minha loucura seja perdoada
Pois metade de mim é amor
E a outra metade também”

Oswaldo Montenegro

Quero agradecer a algumas empresas e aos seus profissionais que, ao longo dos mais de 20 anos, ajudaram a construir essa incrível jornada, acreditando no processo de facilitação pela ACP:

Matsusako Vegetais Frescos, Alfa Citrus, Hospital Israelita Albert Einstein, Flora Tateno, Flora Takasaka, Green Vegs, Tomita Hortaliças, Grupo Dendrobium, Orquídeas Dan, Takagaki Hortaliças, Kitazawa Hortaliças, Bioplant, Agrosafra, Agroata, Tecseed, Casa Bugre, Claro, Agrivalle, Horticeres, Agro Amazônia, Hortisul, Hortisafra, Agrimonte, Agricamp, Germinas, Gerdau, Flortec, Triângulo Agrícola, Minerva Foods, Mallmann, Trebeschi, Sekita, Tecmudas, Pratigel, SoloVivo, Clínica Fares, Informa, GTM, Grupo Jacto, Gência, Colégio Albert Sabin, Colégio Friburgo, Catho, BP Biocombustíveis, Hospital do Amor, AC Camargo, AD Shopping, Comgás, Ciclomed, Bradesco, Siemens, Scania, Volkswagen, Biolab, Shopping Jardim Sul, Cacau Show, Mosaic, Citrosuco, Mogi Shopping, Porto Seguro, Flytour, Holiday Inn, InterContinental, Magazine Luiza, Nespresso, Unicoba, Vizca, Wiring, Yokogawa e tantos outros.

Agradeço aos amigos que colaboraram com este livro, dando sugestões, oportunidades, conselhos, contribuindo com textos, entrevistas e inspirações. Obrigado!

Obrigado, alunos, professores e escolas:

Escola Bakhita
EE José Chediak
EMEF Campos Salles
UNAS Heliópolis
Colégio Elvira Brandão
UNESP - Faculdade de Ciências Agronômicas - Botucatu
Fundação Armando Álvares Penteado
Colégio Friburgo
Colégio Criando Asas
Escola da Serra
Cipó Educação

Obrigado, músicas e compositores que embalaram minha vida e este livro:

Ney Matogrosso, Elis Regina, Chico Buarque, Cazuza, Frejat, Lulu Santos, Sidney Magal, Pink Floyd, Queen, Led Zeppelin, Oswaldo Montenegro, Belchior, Roberto Carlos, Erasmo Carlos, Peninha, Rita Lee, Raul Seixas, As Frenéticas, Nelson Motta, Tim Maia e tantos outros...

Alexandre Borges Moreno

Nasci em 12 de maio de 1973, em São Paulo. Sou casado com minha querida Taís, pai do Felipe e da Manuela. Corintiano, amante de bolo de cenoura e conversas filosóficas regadas a besteirol. Adoro ler biografias e escutar histórias de vida.

Há quase 20 anos, resolvi empreender criando a Syntese, uma empresa de educação corporativa pela Abordagem Centrada na Pessoa, e cujo propósito é cocriar Saberes e Soluções.

Estudei Agronomia na Unesp Botucatu. Tenho pós-graduação em *Marketing* na FAAP, mestrado em Administração com ênfase em gestão de pessoas na Universidade Metodista, onde defendi uma tese sobre comportamento empreendedor. Fiz pós-graduação em *coaching* holístico baseado nos princípios da medicina tradicional chinesa, coordenada pelo Dr Jou Eel Jia, precursor da acupuntura no Brasil.

Morei em uma república de estudantes, fui do Diretório acadêmico da faculdade, fiz coral, teatro e fui voluntário num kibbutz em Israel. Fiz projetos de irrigação, vendi fertilizantes e também fui professor da pós-graduação e MBA na FAAP e FIA, nas disciplinas de Empreendedorismo e Liderança Contemporânea.

Há alguns anos, tenho estudado e me apaixonado pela Abordagem Centrada na Pessoa e por todas as suas possibilidades, facilitando processos de aprendizagem em diferentes organizações.

Este livro é um recorte dessa história e dessas possibilidades na educação.

Se você quiser falar comigo:

11.98447.2829

E-mail: alexandre@syntese.com.br

Instagram: ale_moreno73 / syntese_educacao

youtube/syntesedh (muito conteúdo bom por lá!)

Spotfy Syntetizando, o canal de *podcast* da Syntese

Linkedin:
https://www.linkedin.com/in/alexandre-borges-moreno-8b658421/

www.syntese.com.br

SYNTESE EDUCAÇÃO CORPORATIVA

ANÁLISE DA FACILITAÇÃO

Nome do Processo de Aprendizagem:
Cliente e público-alvo:
Data:
Facilitador:
Observador:

Contexto do treinamento (descrever se o treinamento está inserido em algum programa, módulo etc.):

Objetivo da Análise: Avaliar como foram desenvolvidos os principais aspectos da facilitação no que diz respeito à entrega do conteúdo, à interação e ao comprometimento dos participantes, ao uso de recursos e materiais e ao alcance dos resultados.

Responda às questões, sim ou não, abaixo e faça as descrições nos campos, caso seja necessário.

1. Todos os materiais apresentaram-se em bom estado de qualidade, dentro das especificações necessárias?
[ ] SIM [ ] NÃO

1.1. Os materiais (apostila, *handout*, outros...) apresentaram os conteúdos adequados para o processo de desenvolvimento e eram de boa qualidade?
[ ] SIM [ ] NÃO

1.2. As apresentações, os jogos, as dinâmicas, as estruturas e os vídeos estavam adequados aos conteúdos do processo de aprendizagem e apresentaram a qualidade necessária?
[ ] SIM   [ ] NÃO
*Caso tenha assinalado NÃO em alguma das questões acima, por favor, especifique abaixo. Se possível, contribua com soluções.

2. O facilitador recebeu as informações logísticas (hora e local, transporte, hospedagem, links etc.) e elas foram enviadas corretamente e com antecedência?
[ ] SIM   [ ] NÃO

3. O facilitador recebeu *briefing* com informações sobre o Cliente, Programa e Módulos e/ou participou da cocriação?
[ ] SIM   [ ] NÃO

4. As instalações eram adequadas para a realização do encontro?
[ ] SIM   [ ] NÃO
*Caso tenha assinalado NÃO em alguma das questões acima, por favor, especifique abaixo. Se possível, contribua com soluções.

5. Foi realizada alguma atividade (jogo, dinâmica, filme...) não prevista no CANVAS (plano de aula)?
[ ] SIM   [ ] NÃO
**Caso tenha assinalado SIM acima, por favor, especifique no campo abaixo.

6. Alguma ocorrência especial a respeito dos participantes? [Considere: o envolvimento, a motivação e a postura do grupo em relação à construção do aprendizado e à oportunidade de desenvolvimento profissional.]

[ ] SIM [ ] NÃO

**Caso tenha assinalado SIM acima, por favor, especifique no campo abaixo.

Descritores das Posturas Facilitadoras

Didática-Facilitação

A) O participante é o centro do processo de aprendizagem.

B) O facilitador convida e apoia o grupo na ressignificação de ideias, ajudando a tecer e ampliar sua rede de conhecimentos.

C) O facilitador desenvolve mecanismos de facilitação: baseado na elaboração de perguntas poderosas (que levem o outro a uma ação ou reflexão).

D) Constrói coletivamente o sentido: constrói pontes, articula, mantém ativas as conexões.

E) Capacidade de Syntese: clareza, concisão, organização, proporção.

F) Entende a experiência dos participantes (exercita a alegoria do jardim).

Repertório-Preparação

A) Acessa o seu conjunto de conhecimentos multidisciplinares: acadêmicos (formação, capacitação técnica, literatura) e tácitos (experiências profissionais, experiências pessoais), colocando-os como um recurso para o grupo.

B) Utilização de exemplos adequados à realidade local e à realidade da empresa.

C) Constrói coletivamente o conhecimento; elabora perguntas com adequação de conteúdos.

D) Conhece a experiência do cliente (jardim), a cultura local, as competências do cliente, os *gaps*...

Postura

A) Sensibilidade para perceber o ambiente.

B) Aceitação do outro como ele é: não julgamento.

C) Estilo de comunicação: adequação da linguagem falada e escrita ao público-alvo. Capacidade de se fazer compreender. D) Aspectos de tom de voz, gestos, movimentos, energia, vigor etc.

E) Postura ética. Respeitando a diversidade do grupo (ideias, gênero, opiniões, diferenças etc) e a cultura da empresa.

7. Alguma ocorrência especial a respeito do facilitador no processo de facilitação?

[ ] SIM [ ] NÃO

**Caso tenha assinalado SIM acima, por favor, especifique no campo abaixo quais descritores apontam essa ocorrência?

8. Havendo oportunidade, quais temas/tópicos poderiam ter sido explorados/aprofundados com este grupo?

9. Alguma ocorrência no que diz respeito ao RH e demais representantes da Empresa?

[ ] SIM [ ] NÃO

**Caso tenha assinalado SIM acima, por favor, especifique no campo abaixo.

10. Quais questionamentos surgiram que deveriam ser tratados pelo RH do cliente ou pela Syntese? O que poderia ser aprofundado em novas etapas com o cliente (temas)? Sugestões para continuidade.

11. Houve quaisquer dificuldades para que o resultado e as expectativas do processo fossem satisfatoriamente alcançados? [Considere: conteúdo, grupo, materiais, organização, estrutura etc.]
[ ] SIM [ ] NÃO
**Caso tenha assinalado SIM acima, por favor, especifique no campo abaixo.

12. Percepções Gerais [Utilize este espaço para apontar quaisquer outras questões que não tenham sido descritas nos itens anteriores. Bem como sugestões para as demais etapas de desenvolvimento.]

Nome do Observador:

Data do *feedback* ao facilitador:

Resultados do *feedback* (ações + data para próximo acompanhamento) (verificar a necessidade de o(a) facilitador(a) participar do plantão ACP, diálogos facilitadores, outras formações da Syntese etc.)

Fala

Canção de Secos & Molhados

“Eu não sei dizer nada por dizer
Então eu escuto
Se você disser tudo o que quiser
Então eu escuto

(...)

Se eu não entender, não vou responder
Então eu escuto
Eu só vou falar na hora de falar
Então eu escuto”

Compositores: João Ricardo / Luli

Todas as músicas desse livro e outras relacionadas a Abordagem estão no Spotify no Clube ACP.

Entre em sintonia com o Mundo

Qualitymark Editora Ltda.

Rua Carlos Machado, 155 – sala 207
Polo Cine e Vídeo – Jacarepaguá
22775-042 – Rio de Janeiro – RJ
Tels.: (21) 3597-9055 / 3597-9056
Vendas: (21) 3296-7649

E-mail: quality@qualitymark.com.br
www.qualitymark.com.br

Dados Técnicos:

• Formato:	14 x 21 cm
• Mancha:	10,5 x 17,5 cm
• Fonte:	Times
• Corpo:	11
• Entrelinha:	14
• Total de Páginas:	284
• 1ª Edição:	2018
• 2ª Edição:	2022